消された唱歌の謎を解く

産経新聞文化部編集委員
喜多由浩

産經新聞出版

はじめに

現在の小・中学校の音楽教科書に掲載されている「唱歌・童謡」は、少々大げさに言いうならば、ある意味で、日本人の手によって選ばれたものではない。終戦後、ＧＨＱ（連合国軍総司令部）の意向に沿って、軍国主義や神道などに関わると見なされた歌は〝ひとくくり〟にされて、墨で塗り潰されたり、新しい教科書から削除された。その基本方針が戦後75年たった今も変わっていないからである。

そのハードルを越えて生き残ることができた歌は、シンプルに言えば「戦争に関係がない」こと。かつ「（子供たちの人気が高い）良い歌」である。『夏は来《き》ぬ』『朧（おぼろ）月《づき》夜《よ》』『故郷（ふるさと）』『紅葉（もみじ）』などがそうだ。明治以降、１００年にわたって歌い継がれてきた珠玉のような名曲揃《ぞろ》いである。

『我（われ）は海の子』『里《さと》の秋』のように歌詞を削除・修正したり、題名を改変して残った歌もあった。『ペチカ』は満州生まれの「出自」を隠されている。

一方で、先の条件に照らし合わせても「なぜ排除されたのか」理解に苦しむ歌も少なくない。『水師営《すいしえい》の会見』は日露戦争の乃木希典《のぎまれすけ》将軍と露軍のステッセル将軍との心温まる交誼《こうぎ》を描いた歌である。戦前の教科書には必ずというほど載《の》っていた。

歌人・佐佐《ささ》（々）木信綱《きのぶつな》が書いた詞は戦争を賛美した歌でも、英雄譚《たん》でもない。「軍歌」にも当てはまらない。日本人が古来、大切にしてきた「惻隠《そくいん》の情」や「勝っておごらず」といった価値観や美徳。当時、世界中で絶賛された行為を歌ったのだ。いわばラグビーの「ノーサイド精神」。今の時代にこそ若い世代に知ってほしい日本人の心なのに、アンタッチャブルのごとく封印を解こうとはしない。

滅私奉公の忠臣、楠木正成《くすのきまさしげ》に関わる「楠公《なんこう》の歌」は、民衆の圧倒的人気に支えられ、おびただしい数の歌がつくられた。少人数で大軍の敵をやっつけた軍略と知謀、親子の情愛、散り際の哀《かな》しさ……。日本人の心をわしづかみにしたヒーローも、戦後は「特攻作戦に利用された」などという面ばかりが強調され、今の教科書には跡形もない。

教科書から排除された歌のもう一つの理由は「時代に合わなくなった」というものだ。代表例は、昭和50年代に教科書から消えた『村の鍛冶屋（かじや）』だろう。確かに現代社会には、農耕具を作ったり、修理していた鍛冶屋はいない。だが、この歌の歌詞に込められた意味はもっと深い。頑固な一徹者だけど「ものづくり」の誇りにかけては誰にも負けない。これも、次世代に伝え、残したい〝技術立国〟日本の大事な伝統である。

同じ理由で消えた『村祭（まつり）』もそうだが、もしも時代や世相に合わなくなったのなら、教師が背景を含めて子供たちに教えてあげればいい。先人の歴史や文化に興味を持つきっかけにもなろう。

教科書に限らない。令和２（２０２０）年前期のＮＨＫ連続テレビ小説「エール」の主人公は作曲家の古関裕而《こせきゆうじ》・金子《きんこ》夫妻がモデルだ。古関は戦時下にも『露営《ろえい》の歌』『暁《あかつき》に祈る』など戦時歌謡の名曲を送り出したが、それらの歌は現在の放送メディアでは事実上タブー視されている。

日本の教育者は、かつて統治していた台湾や朝鮮の子供たちに対しても、唱歌教育を熱心にやった。内地（日本）と同じ歌を教えたのではない。自然環境や伝統文化が日本とは違う土地の子供たちに、現地の風情を織り込んだ独自の唱歌をつくって教えたのである。彼らの民族の偉人や名所旧跡を歌った唱歌も多い。「あなたたちの先人はこんなに立派だった」「素晴らしい土地を誇りに思いましょう」と歌わせるのだから、日本人はやはり〝お人よし〟統治者だったに違いない。こうした教育者の立派な行いも戦後、「無かったかのように」歴史から消されている。

日本人、特に政治家や官僚は〝忖度《そんたく》〟が過ぎるようだ。外国人の価値観で「タブーとされた」歌の見直しができるのは他の誰でもなく、日本人自身なのに、その機運すらないのは残念で仕方がない。先人が築いた文化遺産は自分たちの手で取り戻すしかないのだ。

本書は、産経新聞に連載した「歴史に消えたうた　唱歌、童謡の真実」（平成31年〜令和2年）と、日本統治時代の台湾、朝鮮や満州（現・中国東北部）の唱歌を書いた同「歴史に消えた唱歌」（平成23年）を再構成したものである。

本文中の敬称は省略し、肩書きや教科書の内容は当時のままとした。

令和2年5月

産経新聞社　喜多由浩

消された唱歌の謎を解く◎目次

第3章　生き残った名曲の秘密

『水師営の会見』は「軍歌」じゃない
〝手の平返し〟にされたヒーロー・正成
教育現場から一掃された「楠公の歌」
今こそほしい『村の鍛冶屋』の頑固おやじ
作者も惚れ込んだ最高傑作『夏は来ぬ』
ベストセラーで外地へ延伸『鉄道唱歌』
「満州生まれ」とは知らない『ペチカ』
「姐《ねえ》や」が差別語？『赤とんぼ』
母を想う『この道』と『からたちの花』
日本人の美意識に刺さった『荒城の月』
里心を理由に戦時は外された『故郷』

歌の題名の（　）内は現行教科書での表記。例えば『朧（おぼろ）月夜』は初出が『朧月夜』、現行教科書が『おぼろ月夜』。著者注は（※　）内に収めました。

装丁　神長文夫＋柏田幸子
ＤＴＰ　荒川典久
帯写真　玉川大学教育博物館
本文写真　断りのないものは産経新聞社

第1章

戦争に翻弄された歌

卒業式でスルーされる『仰げば尊し』

唱歌・童謡を聴《き》くと、年がいもなく、目の奥あたりにジーンとくる。幼いころに歌って聴かせてくれた母親のことや、懐かしいふるさとの風景が思い出されるからだろう。多くの人にとって唱歌・童謡は、赤ちゃんとして生まれてから、子守歌の「次」に耳にする歌だ。美しい日本の四季の光景や伝統行事・風習・文化、身近な動植物を題材にしてつくられた歌は感受性豊かな子供たちのハートを貫く。だからこそ、大人になっても、いや、たぶん死ぬまで忘れない。

だが、現在使用されている小・中学校の音楽教科書を見れば、昭和35（1960）年生まれで、還暦に近い私が知っている唱歌・童謡の多くが載っていない。今でもソラで口ずさむことができる、あの懐かしい歌の数々は、どこへ消えてしまったのだろうか。

中学などで20年以上のキャリアを持つ40代の音楽教員に現状を聞いてみた。

「先日、卒業式をやりましたが、（昭和の定番だった）『仰《あお》げば尊《とうと》し』や『蛍の光』をほとんどの生徒が知らないし、歌えない。私が教員になった20年前に比べても唱歌・童謡など伝統的な歌の扱いは〝薄く〟なっている。若い世代の教員自体がよく知らないのですから。このままじゃ滝廉太郎《れんたろう》も山田耕筰《こうさく》もいずれ消えてしまうでしょう」

「おじさん世代のノスタルジアじゃないか」とバカにされるかもしれない。そこで最初に断っておきたいのだが、本書は学校教育の場から唱歌・童謡が消えてゆくことをケシカランと糾弾するのが趣旨ではない。時代の変化は理解できる。ただ、その理由は果たして「正当」なのか？　背景や理由を改めて検証したいのだ。

明治以降、多くの唱歌・童謡がつくられ、愛されてきた。同時に、いくつもの歌が歴史の中へ消え去り、あるいは歌詞を変えられたり、削られたり、〝出自〟を隠された歌もある。終戦後、ＧＨＱ（連合国軍総司令部）の意向を受けて、教科書から軍国主義や皇国史観に関わる歌が排除されたのはその代表例だろう。

明治どころか昭和も遠くなりにけり――の今、長い時間の中で、その経緯が忘れられたり、違ったものに変わったり、あるいは一定のプロパガンダによって〝ぬれぎぬ〟を着せられたものはないのか？

まず、現行の小学校の音楽教科書（※新聞連載当時）を詳しく見てみたい。発行しているのは2社（教育芸術社、教育出版）。小学4年生用を見ると、唱歌・童謡に類する歌唱用の歌は、文部科学省の学習指導要領で、授業で取り扱う「歌唱共通教材」として示された4曲（『まきばの朝』『もみじ』＝いずれも文部省唱歌＝など）にプラスして『みかんの花さくおか』、『里《さと》の秋』（教育出版のみ）など3曲ずつで計7曲が掲載されている。これは令和2年度から使用されている教科書でも変わらない。

他は外国の歌、アニメソング、ミュージカル、民謡などがあり、唱歌・童謡は全体の2割前後。つくりはカラフルで読みやすい。

歌唱共通教材は、小学校の場合、学年ごとに4曲ずつあり、ほとんどが唱歌・童謡、わらべうた、日本古謡《こよう》など、わが国伝統の歌だ。しかも、平成20（2008）年3月の学習指導要領改定で、こうした歌の扱いを充実させる方針が盛り込まれ、学年ごとに「取り扱う曲数」を増加させているのである。

その理由について、文科省のホームページにこうあった。〈歌唱共通教材を設けている意義は、我が国で親しまれてきた唱歌や童謡、わらべうた等を、子どもからお年寄りまで世代を超えて共有できるようになること（略）我が国のよき音楽文化を受け継いでいく意味からも大切です〉。重要なことである。

教科書会社は唱歌・童謡の掲載曲を、この歌唱共通教材を基本にして決めている。小学校音楽教科書のシェアトップの教育芸術社は「まずは共通教材をおさえた上で、季節感のあるもの、身近な行事、童謡の名曲など、専門家の意見を聞いて決めています。ただ、あまり入れ替えはないですね。歌詞の難しい言葉には注釈をつける工夫もしています」（今井康人取締役第一編集部長）。

逆に言えば、限りある教科書のスペースの中では、歌唱共通教材以外の唱歌・童謡は押し出され、教科書から消えてゆくしかない。

京都教育大学名誉教授の垣内幸夫《ゆきお》（音楽学・音楽教育）は「共通教材を吟味すれば戦後、どういう歌が生き残ったかが、よく分かる。戦争に関係がなく、なおかつ〝良い歌〟。『ふるさと』や『もみじ』などがそう」と話す。

唱歌・童謡にとって〝最後のとりで〟の感がある歌唱共通教材も、時代によって変化している。

代表的な例を挙げると、小学4年生用

現行の小学４年生用教科書に掲載されている唱歌・童謡など

学習指導要領で示された歌唱共通教材（４曲）

- まきばの朝、とんび、もみじ、さくらさくら

共通教材以外

- みかんの花さくおか、せいくらべ、みどりのそよ風（教育芸術社）
- みかんの花さくおか、里の秋、どこかで春が（教育出版）

かつて小学４年生用教科書に掲載されていた主な唱歌・童謡など

- 村のかじや
- しょうじょうじのたぬきばやし
- 赤とんぼ（※三木露風作詞、山田耕筰作曲の歌ではなく、文部省唱歌）
- 田植
- 月のさばく

では『村の鍛冶屋（かじや）』（文部省唱歌）が昭和50年代に「時代に合わなくなった」として共通教材ではなくなり、同時に教科書からも消えた。明治の時代につくられた歌詞は社会の変化とともに、たびたび改訂されてきたが、ついに歌自体が学校教育から退場勧告を受けたのである。

さらに言えば、教科書に載っているからといって安心はできない。『仰げば尊し』『蛍の光』の2曲も実は小学校の教科書に載っている。だが近年、卒業式でこれらの歌があまり歌われなくなり、授業でもスルーされがちだ。それは、音楽の授業時間数が減ってきていることと無関係ではない。

唱歌・童謡

唱歌は「学校で習う歌」であり、明治以降の教科名称でもあった。特に、当時の文部省がつくる各種唱歌集に掲載された歌を「文部省唱歌」と呼ぶ。その唱歌を『官』とすれば、童謡は『民』だ。唱歌の歌詞が難解で教育的過ぎるとして、大正期、より分かりやすく、芸術性をもった歌を、という童謡運動の流れをくむ創作童謡を主として指す。

知らぬ間に音楽の授業が減らされている

昭和35（1960）年生まれの私が小学校に通っていた昭和40年代、1年生の音楽の授業は「週3時間」、2～6年生は「週2時間」あった。中学では1、2年生が「週2時間」、3年生が「週1時間」である。

昭和52（1977）年告示の文部省（現・文部科学省）の学習指導要領によれば、小学1年生の音楽授業時数は「68（1コマ45分）＝週2時間」に減ったが、小2～中3は、私の時代と変わりがない。

	昭和52年告示の学習指導要領の音楽授業時(コマ)数	平成29年告示の学習指導要領の音楽授業時(コマ)数
小1	68	68
小2	70	70
小3	70	60
小4	70	60
小5	70	50
小6	70	50
中1	70	45
中2	70	35
中3	35	35

平成29（2017）年告示の学習指導要領ではそれが、どうなっているのか？

小1、2は変化がないが、小3、4は「60」、小5、6は「50」へ減少。中1が「45」、中2が「35（週1）」へと、やはり減っている。中途半端な授業時数（小3～6、中1）に対しては、1学期のみ「週2」とし、残る学期は「週

1」などとして対応する学校が多い。

ある小学校校長は、「週2の学期も、合唱コンクールなどの練習に充てるので、実質教科書に沿った授業を行うのは週1。小学校での外国語（英語）教育などが増えた分の〝しわ寄せ〟は、どうしても音楽など（一般の中学・高校の）受験に必要のない科目に来てしまう」という。

2000年代初めから実施された学習内容を約3割カット（小・中）する、いわゆる〝ゆとり教育〟の中で、新たに「総合的な学習の時間」が導入され、総授業時数は削減された。〝ゆとり教育〟はその後、見直しが行われたが、学習指導要領上の音楽の授業時数は減ったままだ。

教科書に盛り込む内容（表現＝歌唱、器楽、音楽づくり＝と鑑賞）は「むしろ、だんだんと増えてきている」（教科書会社）のに、こうした状況では、とても授業ですべての内容を行うことはできない。

音楽の教員も厳しい状況に置かれている。特に、中学校の場合は、非常勤講師を採用して、他の学校と〝掛け持ち〟をしたり、免許を持っている他教科も同時に担当させるケースも増えている。このままでは将来、必修である中学の音楽が選択科目になりかねない、と悲観的な見方をする専門家も少なくはない。

唱歌・童謡について学校教育の場では、学習指導要領に定められた歌唱共通教材を中心に習うことを既に書いた。

中学の歌唱共通教材はいったん廃止されたが、現在は復活している。平成29年告示の中学校学習指導要領には、〈我が国で長く歌われ親しまれている歌曲のうち、我が国の自然や四季の美しさを感じ取れるもの又は我が国の文化や日本語のもつ美しさを味わえるもの〉とした上で、7曲を提示。〈各学年において、(共通教材の中から)1曲以上を含めること〉としている。

なるほど、ラインアップを眺めれば、現在も親しまれている名曲ぞろいだが、逆に言えば、学年「1曲だけ」でもいいわけだ。

中学音楽では、平成の半ば以降、〈和楽器(※琴や三味線など)については、3学年間を通じて1種類以上の楽器を用いること〉と学習指導要領に定めら

平成29年告示の中学校学習指導要領に示された歌唱共通教材

題名	作詞	作曲
赤とんぼ	三木露風	山田耕筰
荒城の月	土井晩翠	滝廉太郎
早春賦	吉丸一昌	中田　章
夏の思い出	江間章子	中田喜直
花	武島羽衣	滝廉太郎
花の街	江間章子	團伊玖磨
浜辺の歌	林　古渓	成田為三

れ、ほぼ西洋音楽一辺倒の教育を受けてきた教員を戸惑わせたこともあった。

邦楽の導入は悪いこととは思わないが、現場の教員にしてみれば、「週1しかない授業時間にあれもこれもはできない。結局、教員の専門（得意で、好きな）分野が優先されることになる」（中学のベテラン音楽教員）という。

前に少し触れた、小学校の歌唱共通教材の変遷についても詳しく見てみたい。

昭和の時代には、いくつかの入れ替えや、消えた歌があったが、平成以降は、「不動」（提示されたものの中から「取り扱うべき」曲数が増加した学年はある）である。歌唱共通教材の多くが、文部省唱歌であり、童謡やわらべ歌、日本古謡などで占められていることは前に書いた。

この中で、異彩を放ち、多くの専門家が首をかしげる曲が小学6年生の『越天楽今様《えてんらくいまよう》』であろう。雅楽のメロディーに歌詞をつけたもので、「児童が歌って楽しい歌ではなく、歌い方自体も定まっていない。実際の授業ではまず、やっていないのではないか」（音楽教育の大学教員）と話す。

同じく小学6年生の文部省唱歌『われは海の子』は、わざわざ〈歌詞は第3節（番）まで〉の注釈がついている。この歌は、昭和50年代に一度、小学校の歌唱共通教材から消えたが、平成になって復活した。

明治43（1910）年発行の『尋常小学読本唱歌』に掲載されたオリジナルの歌詞は7番まである。4番以降、特に7番の歌詞には「軍艦」「護《まも》らん海の国」などの言葉が登場するため、終戦後、GHQの指示によって消え、後に、歌詞をカットした上で復活を遂げたというわけである。

同じく、小学1年生の歌唱共通教材になっている文部省唱歌『うみ』（林柳波《りゅうは》作詞、井上武士《たけし》作曲）の歌詞についても、カットはされていないものの、一部で「戦争に関係している」などとして問題視する声が今も消えない。

それは果たして事実なのか？　学校で習う児童たちは、そうした経緯まで知っているのだろうか？

『うみ』が大陸侵略の歌だって？

文部科学省の学習指導要領で、小学1年生の歌唱共通教材に指定され、現在の各音楽教科書に掲載されている『うみ（初出の題名はウミ）』。子供たちに長く親しまれてきた歌のひとつだろう。

初出は、昭和16（1941）年発行の国定教科書『ウタノホン（上）』1年生用。作詞は林柳波、作曲は井上武士だ。

雄大な海原への憧れをつづった、この歌を「軍国主義」と結びつける向きが今も少なからずある。3番の歌詞にある「おふねを浮かばし（せ）て」「いってみたいな　よそのくに」というフレーズが、「ふね」→「軍艦」、「よそのくに」→「大陸侵略」を暗示している、というのだ。

例えば合田道人著『本当は戦争の歌だった　童謡の謎』（祥伝社）には、こうある。〈海を渡って敵国、よその国に乗り込んでゆき勝利を収めたい（略）そんな心がこの歌を大きく支援していったのである〉

こうした見方の背景には時代がある。『ウタノホン（上）』は対米英戦争が始まった昭和16年の発行。2年生用として『うたのほん（下）』、3～6年生用として『初等科音楽一～四』がそれぞれ、つくられている。

戦時体制下のこの時期、「小学校」→「国民学校」、教科としては「芸能科音楽」への変更。さらには『紀元節《きげんせつ》』『勅語奉答』などの儀式唱歌の重視。民間の検定教科書の併存→

国定教科書への一本化が行われ、皇民化政策が学校教育でも色濃くなった。

確かに、文部省（当時）の指導手引である『ウタノホン（上）教師用』の総論には〈皇国の道に則《のっと》って初等普通教育を施し国民の基礎的錬成をなす〉〈芸術技能を修練することを通してこの皇国の道に参じ〉〈皇国の道の使徒〉という物々しい文言が並んでいる。ただ、同書の『ウミ』の解説部分は〈広大無辺の海を歌わせて、海事思想を鼓吹し、明朗闊達《かったつ》の精神を養う〉と厳《いか》めしいが、3節（番）の歌詞については、〈海国日本国民の憧《しょう》憬《けい》と意気とを歌ったものである〉とあるだけだ。「大陸侵略」などと結びつけるのは、些《いささ》かオーバーではないか。

もちろん、時代や世相の反映は特に体制側の思いとしてあっただろう。それは否定しないが、戦時下だからといってすべての歌が軍国主義や皇国史観に結びつけられたわけではない。

『ウタノホン（上）』の掲載曲（20曲）を見ると、低学年用ということもあるが、そうした〝匂い〟はあまり感じない。『ウミ』のほかにも、『カクレンボ（かくれんぼ）』『ハトポッポ』など、2年生用の『うたのほん（下）』では『春が来た』『花火』『たなばたさま』など、今もよく歌われている名歌が、たくさん掲載されている。

終戦後も『ウタノホン（上）』はＧＨＱの意向を〝忖度して〟、軍国主義や皇国史観に関わる歌を「墨塗り」にして使用された。さらに、暫定教科書として前述のような歌を排除したスタイルにして、しばらく使われている。

この際『ウタノホン（上）』で削除されたのは『ヒノマル』『兵タイゴッコ』などで、『ウミ』や、同じ柳波作詞の『オウマ』は〝無傷〟で生き残っているのだ。

作者である柳波は、どんな思いで『ウミ』の歌詞を書いたのだろうか。

面白いのは、柳波が海のない群馬県の出身（作曲の井上も同様）であることだ。経歴も変わっている。東京の薬学校を出て、薬剤師の免許を持ち、専門書の著作も多い。

『ウタノホン（上）』には、井上らとともに、国民学校教科書芸能科編集委員として参画しているから、柳波が「主導的な立場」にあったのは事実であろう。

ただし、柳波はこう書き残している。〈歌を教育の手段にするとか言う概念の下に作り出してはなりません。子供と一緒に遊ぶ気分、それだけが作者の心であります〉（『童謡の将来について』）

柳波の孫、小林桃子は「（軍部からの指示など）当時、いろんな制約があったなかで、（柳波は）どんな言葉で語りかければ子供たちに届くか、心を開かせられるかを常に考えていた」

と話す。

時代に抗《あらが》いつつ、〝子供目線〟の姿勢を変えなかった。それは、『ウミ』のほか、柳波が戦前・戦中につくり、今も小学校の歌唱共通教材として音楽教科書に掲載されている『カクレンボ』『スキーの歌』の歌詞でも伝わってくる。

柳波の出身地、群馬県沼田市では、平成7（1995）年に「林柳波調査研究会」を発足させ、20年間にわたって資料や関係者の証言を集め、記念誌にまとめている。

『ウミ』の舞台については〈初めて見た（略）東京湾では？〉〈（ヨソノクニの歌詞は）35歳の夏に樺太《からふと》旅行をした（略）そのイメージではないか？〉〈娘達が小学生のころによく行った逗子や伊豆の海？〉など諸説あったが、結論は出ていない。

歌詞から伝わってくるのは〝大人の思惑〟ではなく、純粋な感動である。「（柳波は）海がない群馬の生まれだからこそあこがれがあった。その感動を詞に書いたのだと思う」（金井竹徳委員）という。

柳波については、『オウマ』に関しても、「軍馬のことではないか」という話がつきまとう。

軍部からそうした指示があったとしても、柳波に受け入れるつもりはなかったに違いない。それは、仲むつまじい馬の親子のほほえましい姿を描いた詞を読めば分かるではないか。

林柳波（はやし・りゅうは）

明治25（1892）年、現在の群馬県沼田市出身。明治薬学校（現・明治薬科大学）卒。童謡舞踊の振り付けを行った妻、きむ子のつながりで童謡運動に関わり、詩作を始める。昭和12（1937）年、文部省の国民学校教科書芸能科編集委員となり、国定教科書『ウタノホン（上）』などの編集に携わった。主な作品に『ウミ』『オウマ』『カクレンボ』『スキーの歌』など。昭和49（1974）年、82歳で死去。

GHQにズタズタにされた墨塗り教科書

明治、大正時代に生まれた唱歌・童謡は、100年以上の歴史を持っている。これだけ長い間、多くの人に愛唱され、生き残ってきたのは、とりもなおさず〝良い歌〟だからだろう。

日本人の心に染み入る自然や風景、愛らしい動植物の姿、大切にしてきた伝統的な風習や行事を詞につづり、日本人が口ずさみやすいメロディーに乗せた。『故郷（ふるさと）』『春が来た』『赤とんぼ』……。多数の琴線に触れた名曲は、世代を超えて歌い継がれ、日本人なら、誰もが知っている歌となったのである。

もちろん、すべての唱歌・童謡が〝良い歌〟だったはずはない。子供たちの心をつかめず、歌われなくなったり、時代に合わなくなったとして淘汰《とうた》された歌は多い。同時に、歌は「時代を映す鏡」であった。時の政治、社会・世相と無関係ではいられない。唱歌・童謡といえども、いや、学校教育の場で子供たちに教える歌だからこそ、為政者の意向が反映されやすい側面があったともいえる。体制側の意向にそぐわず、学校教育から退場させられた歌も少なくなかった。

前に、現在生き残っている歌は「戦争に関係のない歌、かつ〝良い歌〟である」という趣旨の識者の見方を紹介した。唱歌・童謡の1世紀を超える歴史の中で「最大の壁」となったのは先の大戦である。

国家としての形や、国民の意識がいや応なく変化した中で、終戦後、音楽の教科書に載る歌も、劇的に変わって（変えられて）ゆく。〝ハードル〟を越えられなかった歌は、削除されたり、歌詞を変更させられた。その始まりは、当時学校教育を受けた人なら記憶に残っているであろう「墨塗り教科書」である。

終戦後、学校の授業再開に向けた文部省（当時）の動きは早かった。昭和20（1945）年8月22日には通達を出し、9月中旬の授業再開をめどに、占領下における新しい時代に向けた教育方針を矢継ぎ早に打ち出してゆく。

教科書は当面〝戦時教材〟の一部を消したものが使用された。これが墨塗り教科書である。

昭和20年10月末には、日本の占領政策を統括するGHQによって、日本の教育制度に関する管理政策が出され、軍国主義者と見なされた者の教職追放などが指示された。音楽の教科書からも、軍国主義、超国家主義、神道に関するものと見なされた歌が排除される。昭和21（1946）年4月からは、新聞用紙を使った文部省による「暫定教科書」が発行され、この方針は、さらに徹底されてゆく。

『ウタノホン（上）』の変化を見てみよう。

対米英戦争が始まる昭和16（1941）年に発行されたときは、全20曲（冒頭に、別途『き

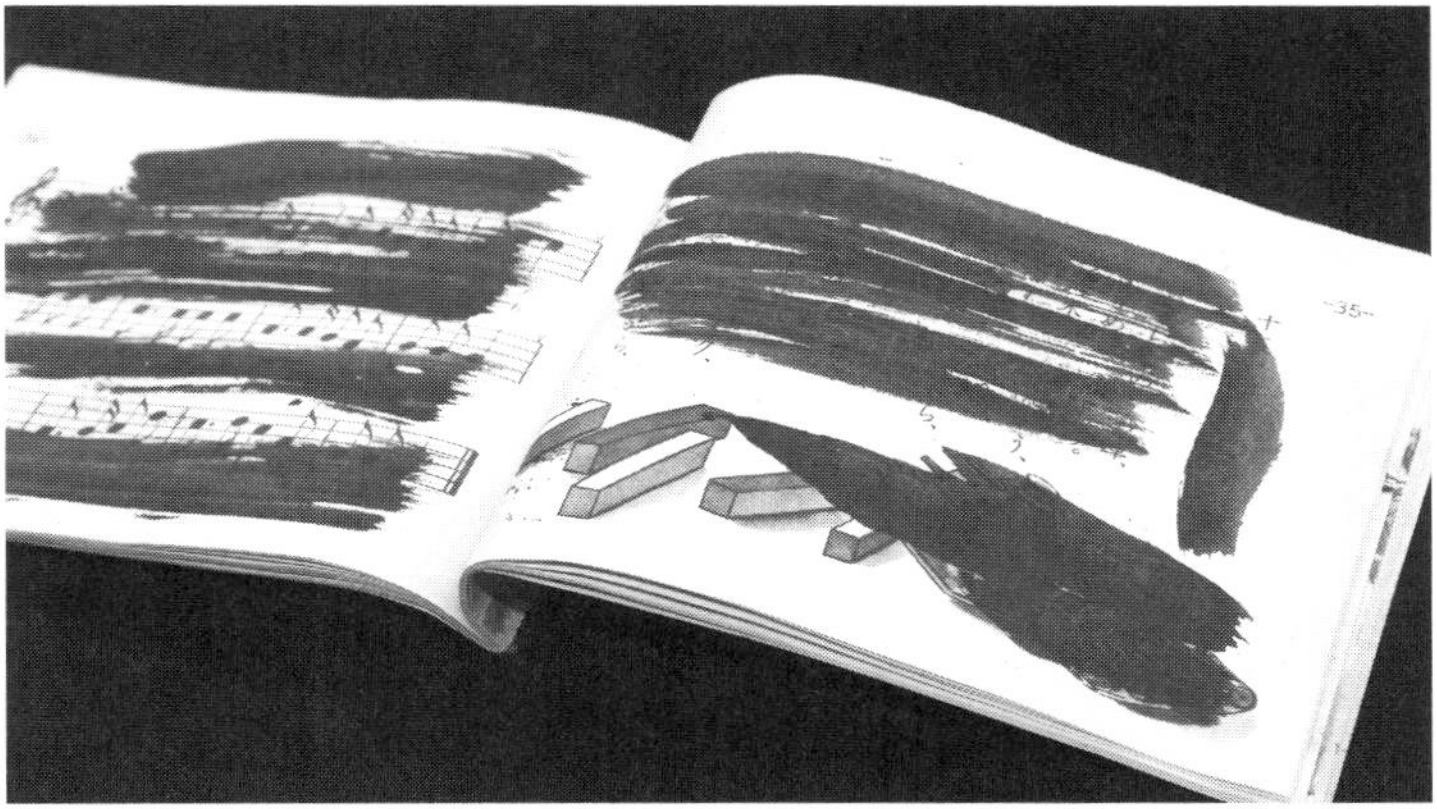

全面的に墨で塗りつぶされた『おもちゃの戦車』＝写真上＝と一部の歌詞だけ塗りつぶされた『富士の山』＝同下＝（いずれも『うたのほん（下）』収録。玉川大学教育博物館所蔵）

みがよ』を掲載）が収録されていたが、墨塗り教科書では、『ヒノマル』『兵タイゴッコ』『モモタラウ』『ヒカウキ』の4曲が削除された。さらに暫定教科書では『エンソク』『カラス』の2曲が減らされて計14曲の掲載になっている。残った歌には先述した『ウミ』『オウマ』など、その後長く親しまれた曲が少なくない。

一方、高学年の6年生用の『初等科音楽四』になると、ズタズタといっていい。戦時中に収録されていたのは全20曲と、別途『君が代』（※学年によって題名の表記が異なる）と、『勅語奉答』『天長節《てんちょうせつ》』などの儀式唱歌6曲である。

これが、墨塗り教科書では儀式唱歌のほとんどと、『日本刀』『日本海海戦』『落下傘部隊』『水師営の会見』など、計15曲をごっそりと削除（収録曲は12曲＝儀式唱歌を含む）されたケースも。暫定教科書では、さらに減らされて、現在まで生き残っているのは『おぼろ月夜』『われは海の子』『スキー』などしかない。

このとき消された儀式唱歌の『一月一日《いちげついちじつ》』は、後に意外な形で残ることになるが、この歌については後ほど触れることにしたい。

墨塗り教科書は、教師の指示に従って、児童自身が塗りつぶしたり、破いたりしたことがあったという。現在、残されている教科書を見ると、歌によっては、歌詞の一部のみを

『ウタノホン(上)』国民(小)学校1年生
1　ガクカウ
2★ヒノマル
3　ユフヤケコヤケ
4★エンソク
5　カクレンボ
6　ホタルコイ
7　ウミ
8　オウマ
9　オ月サマ
10★モモタラウ
11　タネマキ
12　ハトポッポ
13　コモリウタ
14　オ人ギヤウ
15　オ正月
16　デンシヤゴッコ
17★カラス
18★兵タイゴッコ
19★ヒカウキ
20　ウグヒス

『初等科音楽四』国民(小)学校6年生
1★敷島の
2　おぼろ月夜
3　姉
4★日本海海戦
5★晴れ間
6　四季の雨
7　われは海の子（※戦後は歌詞3番まで）
8★満洲のひろ野
9★肇（はつ）国の歌
10★體練（たいれん）の歌
11★落下傘部隊
12★御民われ
13★渡り鳥
14　船出
15★鎌倉
16★少年産業戦士
17　スキー
18★水師営の会見
19　早春
20★日本刀

★は終戦後に削除された歌

削除したりするなど、多少のバラツキも見られるようだ。

2年生用『うたのほん（下）』に収録されている『富士の山』（♪大昔から雲の上～で始まる文部省唱歌）では、1、2番の歌詞の末尾にある「神の山」の言葉に関わる部分のみを朱で消した墨塗り教科書も残っている。

昭和22（1947）年には、文部省が内容を一新した教科書を新たにつくる（「文部省著作教科書」）。6年生用の『六年生の音楽』の収録曲は22曲。暫定教科書から残ったのは『おぼろ月夜』『船出』などだけで、『われは海の子』はこの段階で一時、消えている。

教科書はその後、民間の出版社がつくり、文部省が検定する制度が導入され、現在に至っている。『われは海の子』のように、歌詞を削除（4番以降）して復活した歌もあるが、多くは消えたままだ。

墨塗り→暫定教科書での削除は、戦前の体制を絶対悪としたいGHQ側の意向を無条件で受け入れたものだが、中には、その方針をかんがみても、なぜ削除されたのか、理解に苦しむ歌もある。令和の新時代を迎えて、改めて検証が必要ではないかと思う。

『われは海の子』は海洋立国・日本の象徴

終戦後、音楽の教科書がGHQの方針に沿って、軍国主義や皇国史観などに関わる歌などを排除して使用されたことは前に書いた。

♪われは海の子白なみの〜で始まる文部省唱歌『我（われ）は海の子』は、このハードルを越えるのに、本来7番まであった歌詞を、6番まで→3番まで、と段階的に〝切り刻まれ〟た上で現在まで生き残っている特異なケースだ。

この歌の初出は、100年以上前の明治43（1910）年の『尋常小学読本唱歌』。国語の国定教科書である『尋常小学読本』に掲載された文にメロディーをつけた文部省（当時）編纂《へんさん》による事実上最初の唱歌集（教科書）といってよい。

以来、小学6年生向けの歌として、終戦まで唱歌集に掲載され、子供たちに親しまれた。

7番までの歌詞は、貧しい海辺の村で育った少年が日々、海に親しみ、体を鍛えてゆく。何ごとにもおそれない勇壮な若者は、大きな船に乗り込み、いざとなれば国を護《まも》ってみせる――というストーリー。

雄大な大海原へのあこがれと畏敬の思い。四方を海に囲まれ、生活の糧としてきた海洋国家・日本を象徴するような唱歌で、子供だけでなく、大人でも愛唱歌に挙げる人は多い。

この歌は、日本統治下の台湾で、台湾人児童が通う公学校（小学校）の唱歌集『公学校唱歌』（台湾総督府発行、第2期・昭和9〜10年）の第六学年用にも収録されている。同じく海に囲まれた台湾の子供たちにも愛されたであろう。

終戦後、まず、「軍艦」や「護らん海の国」の表現が出てくる7番の歌詞が問題視された。一部を塗り潰して使用した墨塗り教科書では、この7番をカット。昭和21（1946）年

4月から使用された「暫定教科書」でも同じく6番までの歌詞を掲載している。

だが、昭和22（1947）年から文部省が内容を一新して編纂した「文部省著作教科書」（『六年生の音楽』全22曲）では、ついに歌自体が削除された。その後、教科書は民間の教科書会社がつくり、文部省が検定する制度に変わるが、約10年間（※各教科書によって差異がある）この歌は消える。

ところが、昭和30年代になって、文部省の学習指導要領で、6年生の歌唱共通教材としてこの歌は復活した。ただし、「歌詞は第3節（番）まで」という注釈がつけられ、4～6番の歌詞はこの段階で削除された。

その後、昭和50年代に一旦、歌唱共通教材から外れたが、平成になって再び復活し、現在に至っている（6年生の各教科書に掲載）。この間、共通教材から外れていたときも掲載していた教科書もあるが、「歌詞3番まで」は昭和30年代以降、変わっていない。

消された4～6番の歌詞には、7番のように問題視されそうな表現は特に見当たらない。なぜ「3番まで」とされたのか？

担当官庁の見解を聞いてみた。小学校の音楽を含め、芸術に関する教育の事務は平成30（2018）年10月、文部科学省→文化庁へと移された。

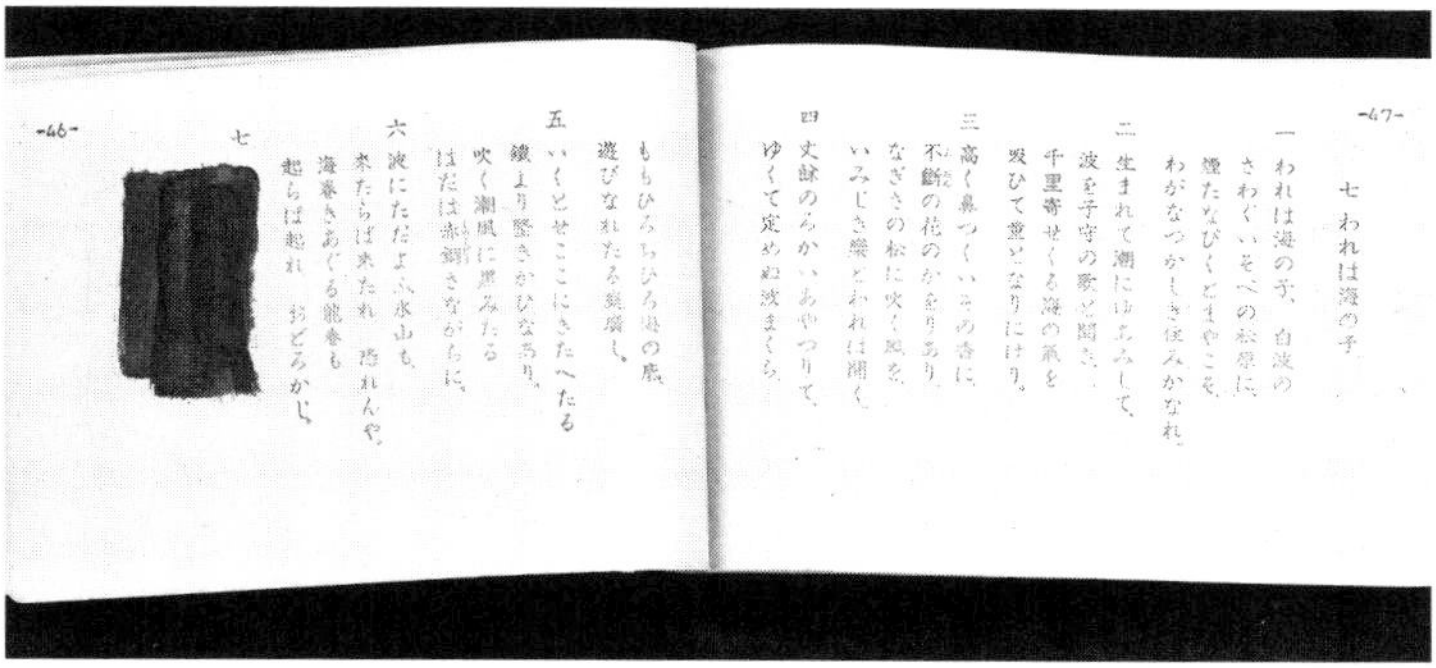
-47-

七　われは海の子

一　われは海の子、白波の
さわぐいそべの松原に、
煙たなびくとまやこそ、
わがなつかしき住家なれ。

二　生まれて潮にゆあみして、
波を子守の歌と聞き、
千里寄せくる海の氣を
吸ひて童となりにけり。

三　高く鼻つくいその香に、
不斷の花のかをりあり。
なぎさの松に吹く風を
いみじき樂とわれは聞く。

四　丈餘のろかいあやつりて、
ゆくて定めぬ波まくら、
ももひろちひろ海の底
遊びなれたる庭廣し。

五　いくとせここにきたへたる
鐵より堅きかひなあり。
吹く潮風に黑みたる
はだは赤銅さながらに。

六　波にただよふ氷山も、
來たらば來たれ、恐れんや。
海卷きあぐる龍卷も
起らば起れ、おどろかじ。

七
[redacted]

-46-

終戦直後の『初等科音楽四』に掲載された『われは海の子』は７番の歌詞が墨塗りとなっている（玉川大学教育博物館所蔵）

歌唱共通教材について、同庁は、「世代を超えて歌える歌を継承してゆくのが趣旨。児童・生徒が楽しめるように、選ぶ際には実際に子供たちに歌ってもらうこともある」（学校芸術教育室）と説明する。ただ、『われは海の子』の歌詞が、「3番まで」とされた経緯については、「明確ではない」（同）と、歯切れが悪い。

専門家の間では、明治につくられた歌詞は文語調で子供たちには難解過ぎる▽教科書に載せるのに「7番まで」は長過ぎる――といった見方があった。

実際、現在の教科書では「とまや＝草を編《あ》んで屋根をおおった家」「いみじき楽《がく》＝すばらしい音楽」など難解な言葉には、注釈がつけてある。歌詞の分量についても、2番、3番までの歌が多いのだが、だからといって、明確な理由も示さないまま、元の歌詞をカットしても構わない、とはならないだろう。

その理由のひとつを挙げる。歌のもとになった国語『尋常小学読本』を見てみたい。時代はやや下るが、大正3(1914)年発行の本では、『我は海の子』の詩は巻11の第6課(章)にある。

前の5課は「瀬戸内海」という題名の読み物、後ろの7課は「車と船」(読み物)、8課「我ガ海軍」(同)と続く。つまり、一連のストーリーとしてつながっていることが分かる。『われは海の子』は、現在の各教科書や、文科省の学習指導要領でも「文部省唱歌」と書かれているだけで、作詞・作曲者の名前は書かれていない。

ただ、資料によっては作詞者として新聞記者出身の児童文学者・翻訳家の宮原晃一郎《こういちろう》(1882~1945年)の名を挙げているものがある(異説あり)。

鹿児島県出身の宮原が故郷の海を思って書いたであろう詩(「海の子」)が原作で、平成になって家族が、その詩が文部省の懸賞を受賞していたことや著作権の譲渡を示す手紙が残っていることを明らかにし、宮原の存在がにわかにクローズアップされた。

鹿児島市の錦江湾《きんこうわん》を望む「祇園之洲《ぎおんのす》公園」には、平成12(2000)年、関係者によって歌碑も建てられている。

元の7番までの歌詞と一連の物語からは、海洋国家・日本の矜持《きょうじ》と、欧米諸国に追いつけ、追い越せと〝坂の上の雲〟を目指して懸命に走っていた若い近代国家の意気込みを感じる。そんなことを、現代の子供たちは知る由もない。

もし、教科書に全歌詞を載せるのが無理ならば、歌の成り立ちや、時代背景を含めて、子供たちにしっかりと教える教師がいてもいいと思うのだが、それをやると「3節まで」と定めた指導要領に抵触するというのだろうか？

戦後削除された『我（われ）は海の子』の4～7番の歌詞

4　丈余《じょうよ》のろかい操《あやつり》て
行手定めぬ浪《なみ》まくら
百尋《ももひろ》千尋《ちひろ》海の底
遊びなれたる庭広し

5　幾年《いくとせ》ここにきたえたる
鉄より堅きかいなあり
吹く潮風に黒みたる

6

肌は赤銅《しゃくどう》さながらに
浪にただよう氷山も
来《きた》らば来れ恐れんや
海まき上ぐる竜巻も
起こらば起これ驚かじ

7

出で大船を乗り出して
我は拾わん海の富
出で軍艦に乗り組みて
我は護らん海の国

出自を隠された『兵隊さんの汽車』

「汽車」を題名にとった歌はいくつかある。♪今は山中《やまなか》今は浜　今は鉄橋《てっきょう》〜で始まる文部省唱歌『汽車』はその代表格だろう。初出は明治45（1912）年の『尋常小学唱歌』

第三学年用。作曲は、東京音楽学校（現・東京藝術大学）出身で東京第一師範学校（現・東京学芸大学）教授などを務めた大和田愛羅《あいら》（1886〜1962年）。作詞は、諸説あり、確定されていない。

3番の歌詞にある「廻《まわ》り灯籠《どうろう》の画《え》の様《よう》に」くるくる変わる車窓の景色は、日本の自然の多様性がよく描かれている。そして、大和田が書いたメロディーは、スピード感にあふれ、実際に汽車に乗っているかのような臨場感が心地よい。

『汽車』が世に出た明治45年には、日本初の特急列車（新橋―下関）が登場している。特急列車は下関から連絡船で朝鮮・釜山へ、さらに朝鮮総督府鉄道（鮮鉄）―南満洲鉄道（満鉄）などからシベリア鉄道につながる欧亜連絡ルートの一翼を担うことになる（※欧亜連絡ルートは、他に敦賀経由など複数あった）。

鉄道の黄金時代の到来と合わせて『汽車』は子供たちに愛され、戦前の唱歌集の第三学年用にずっとあった。戦時下に一時外れたが、昭和22（1947）年、文部省（当時）が内容を一新した『三年生の音楽』で復活。民間の検定教科書になっても、昭和40年代までは残されていた。

この『汽車』について、岩波ホール（東京・千代田区）の総支配人を務めた高野悦子（平成25年、83歳で死去）から興味深い話を聞いたことがある。広大な荒野が続く満州（現・中国東北部）で生まれ育った高野には『汽車』の歌詞が理解できなかったというのだ。

高野は昭和4（1929）年、満州・大石橋の出身。満鉄の幹部技師だった父の転勤で満州各地に住んだが、『汽車』の歌詞に出てくる山や浜、鉄橋やトンネルが目まぐるしく変わるような景色は見た記憶がない。〈満州では地平線まで線路が続いている。さしずめ、『今は広野、また広野、次も広野』でしょうか。日本で汽車に乗ったとき、初めてあの歌詞が、作りごとでないことが分かりました（笑）〉（平成15年6月17日付産経新聞掲載のインタビュー）『汽車』に限らず、満州育ちの子供たちは、さらさら流れる小川（『春の小川』）も、村の鎮《ちん》守《じゅ》の神様（『村祭（まつり）』）も分からない。だからこそ外地（満州、台湾、朝鮮）では独自の自然や風俗を織り込んだ唱歌が作られた。

高野ら満州っ子にとっての「汽車の歌」は満州唱歌（※満州の日本人児童のために作られた唱歌）の『南満本線《なんまん》』だった。この歌を歌いながら、満州っ子が思い浮かべたのは、3番の歌詞に織り込まれた満鉄自慢の特急「あじあ」（営業運転は昭和9～18年）の雄姿だろう（※2番の歌詞に登場する「はと」は急行）。

満鉄の日本人技術者は、社議決定から1年あまりという短期間で「あじあ」の営業運転にこぎつける。最高時速130キロ。当時内地（日本）最速だった国鉄の特急「燕《つばめ》」よりも平均時速で約15キロも速く、客車は冷暖房完備という豪華列車は、見学に来た欧米人を驚かせた。ライバル心をかき立てられた国鉄の技術陣は最高時速150キロの「弾丸列車」計画に取りかかる（※一部用地買収、トンネル掘削に着手したが、開戦によって中止）。

「汽車」の歌のもうひとつの代表格は『汽車ぽっぽ（ポッポ）』だろう。この歌は戦争を挟んで複雑な運命をたどる。

教員出身の富原薫《ふはら》が作詞、『揺籃《ゆりかご》のうた』『夕やけこやけ』の草川信《しん》（1893〜1948年）の作曲で、日中戦争が始まった昭和12（1937）年にレコード童謡として世に出たときは『兵隊さんの汽車』という題名だった。

♪兵隊さんを乗せて（略）僕らも手に手に日の丸の旗をふりふり送りましょう〜と歌う元の歌詞には国や家族を守るために戦地へ向かう兵士の武運を願う子供たちが描かれている。当時は自然な光景だった。少女歌手の川田正子《かわだまさこ》は昭和18（1943）年の音楽コンクールでこの歌を歌い2位になっている。

ところが、終戦後の昭和20（1945）年暮、NHKのラジオ番組「紅白音楽試合」で、その川田が『兵隊さんの汽車』を歌おうとしたところ、ストップがかかった。結局、軍国主義や皇民化政策などに関わる歌を排除するＧＨＱの方針に沿って急遽《きゅうきょ》、題名と詞を差し替えることになり、冨原が新たに書き上げたのが『汽車ぽっぽ』である。「兵隊さん」↓「僕ら」に変わり、子供たちの見送りの場面も「スピードスピード窓のそと畑もとぶとぶ家もとぶ」などと修正された。

この時期、ＧＨＱの意向によって他にどれだけの歌が「悪い歌」と決めつけられて闇に葬られたことか。戦後75年たった現在もアンタッチャブルのごとく、見直しはされていない。

この項の冒頭に挙げた『汽車』の初出唱歌集には、他にも長く親しまれてきた歌が多い。『村祭』▽『春が来た』(♪春が来た春が来た)▽『茶摘《ちゃつみ》』(♪夏も近づく八十八夜《はちじゅうはちや》)▽『虫のこえ』(♪あれ松虫が鳴《な》いている)などだ。

このうち『春が来た』と『虫のこえ』は現在も、文部科学省の学習指導要領が定める歌唱共通教材第二学年用、『茶摘』は同じく第三学年用に指定されており、音楽教科書に載っている。そう考えると、『汽車』が残ってもおかしくはない。

『汽車』

1　今は山中《やまなか》今は浜　今は鉄橋《てっきょう》渡るぞと　思う間もなくトンネルの　闇を通って広野原

2　遠くに見える村の屋根　近くに見える町の軒《のき》　森や林や田や畑　後《あと》へ後へと飛んで行く

3　廻り灯籠の画の様に　変わる景色のおもしろさ　見とれてそれと知らぬ間に　早くも過ぎる幾《いく》十里

『南満本線』

1　春は南から杏《あんず》の花で　冬は北から氷柱《つらら》で知らす　詩《うた》の列車がからららん鐘を　鳴らして走るよ南満本線

2　神の御使《みつかい》平和のしるし　「はと」はよくとぶかわいい鳥よ　和《なご》みうるおいただ一筋に　緑野走るよ南満本線

3　愛の動脈力の泉　つきぬ勢《いきおい》を姿に見せて　かけれ「あじあ」よただ一飛《ひととび》に　拓《ひら》く使命は南満本線

第2章

教科書からの削除と改変

『里の秋』は「秋の歌」ではなかった

『里の秋』（斎藤信夫作詞、海沼實《かいぬまみのる》作曲）は子供たちに人気の高い名曲だ。現在の小学4年生の音楽教科書（教育出版）にも掲載されている。

この歌のテーマはもともと「秋」ではなかった。戦地へ出征したお父さんを思いやり、帰りを待ちわびた家族の歌だったのである。

終戦の年（昭和20年）は6月ごろから、戦況は絶望的な事態に向かう。民間人にもおびただしい犠牲を出した沖縄戦での日本軍の組織的戦闘の終結、広島・長崎への原爆投下、日本は焦土と化して、終戦……。

このとき、外地には軍人・軍属、民間人合わせて約660万人の日本人がいた。その大半が終戦後、順次、内地（日本）へと、復員・引き揚げてくる。

組織的引き揚げは、連合国軍側が占領した地域（各軍管区）ごとに進められたが、ここに運命の分かれ目があった。比較的に早期に進んだアメリカ軍管区（フィリピン、南方諸島、朝鮮半島の南半分など）や、中国軍管区（中国、台湾など）などに対し、ソ連（当時）軍管区（満州、朝鮮半島北部、樺太など）の日本人は辛酸をなめた。

ソ連軍政下の監視・密告などの恐怖政治におびえ、軍人や官吏などは、酷寒のシベリアの収容所に抑留されて重労働に就かされた。多くの人々が、故郷の土を再び踏むこともなく、無念の思いを抱いたまま亡くなったのである。

他の地域からの引き揚げも命がけだったことに変わりはない。多くの人たちが現地で築いた資産を取り上げられ、写真さえ持ち帰ることを許されなかった。帰国後も、引き揚げ者というだけで、大陸侵略などと結びつけられて、いわれなき非難を浴び、就職や結婚などで差別を受けたという話が少なくなかった。

『里の秋』は、昭和20（１９４５）

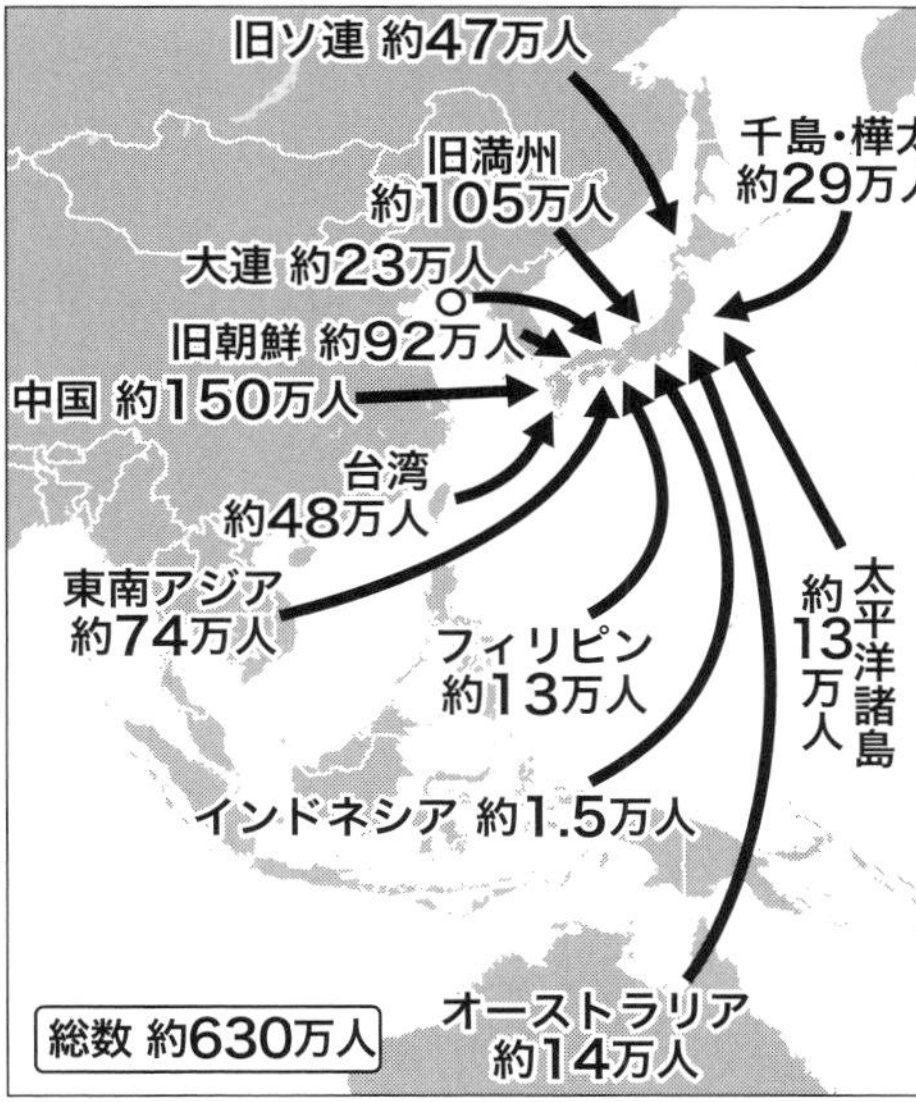

（平成30年12月31日現在、厚生労働省調べ）

主な地域別戦後復員・引き揚げ者数

年12月24日午後、南方から浦賀港（神奈川県）へ入港する引き揚げ船を迎えるＮＨＫの生放送のラジオ番組「外地引き揚げ同胞激励の午後」のためにつくられた。それも事実上、たった1日で改作・完成した奇跡のような名曲であった。

主な関係者は3人。作詞の斎藤と作曲の海沼、生放送で歌った少女歌手の川田正子である。

引き揚げ者（復員兵）を迎えるための新曲を依頼された海沼のもとにあったのは、対米英戦争が始まった昭和16（1941）年に斎藤が作詞した『星月夜《ほしづきよ》』の詞だった。4番までの歌詞は、出征した父親を思いやる留守家族と、「いずれ僕も国を護《まも》る」という息子の決意（4番）が描かれている。

海沼は、『星月夜』の4番を捨て、「父さんのご武運」などの言葉が入っている3番を改作することを斎藤に提案する。生放送当日の朝、千葉から上京した斎藤は3番の歌詞を、♪帰られる　ああ　父さんよ　ご無事でと　今夜も　母さんと祈ります〜と改作、海沼の案で題名も『星月夜』→『里の秋』に変えた。

急遽、ＧＨＱの民間情報教育局の許可をもらい、〈（ＮＨＫの）スタジオへ戻ってきたときには、すでに番組は始まっていた〉（成東町教育委員会『童謡詩人　斎藤信夫のあしあと』）ほ

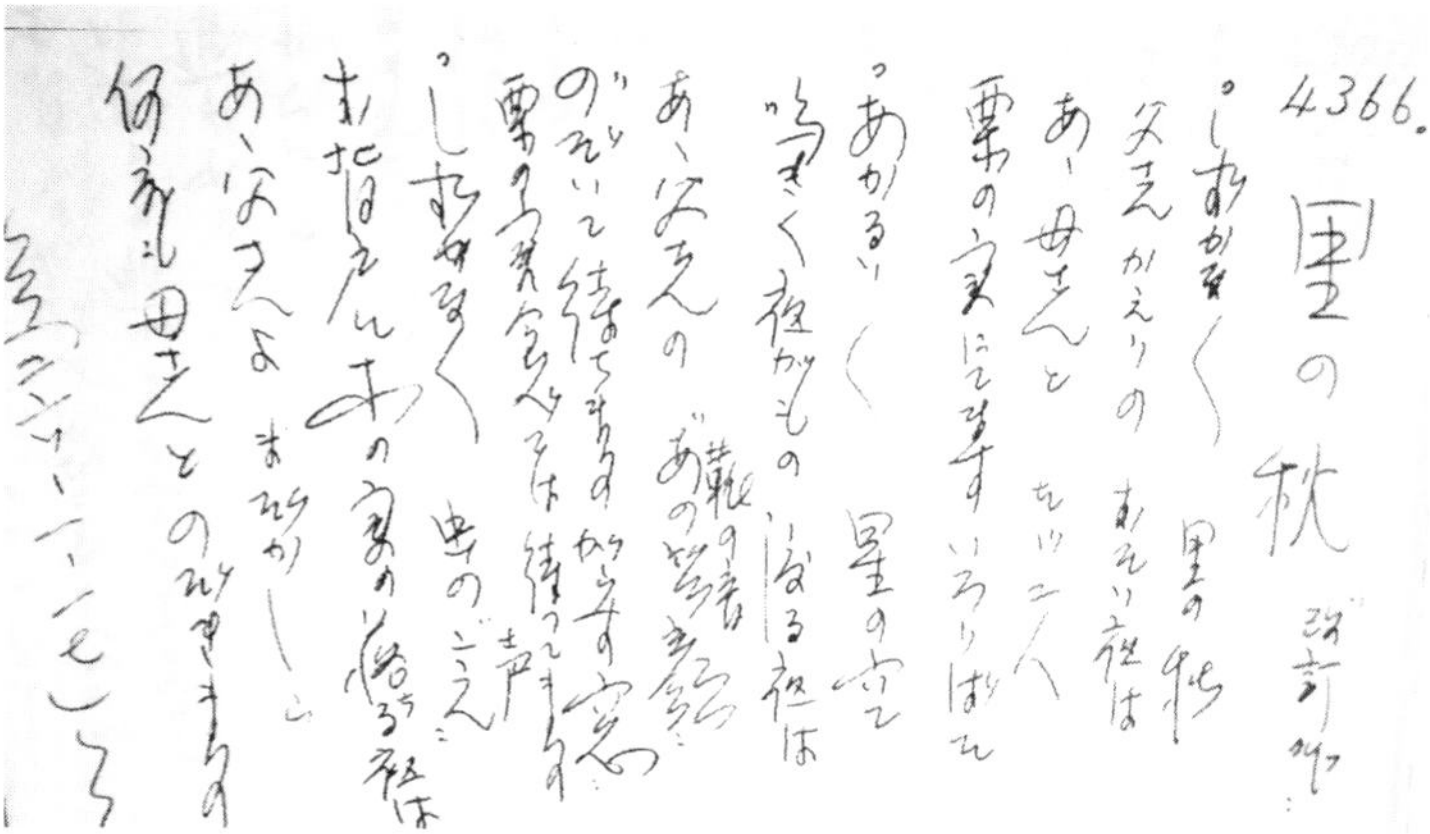

斎藤信夫のノートにあった幻の『里の秋』。右隅に〝改訂〟とある（斎藤春代提供）

ど〝綱渡り〟のデビューだった。

当時、国民（小）学校5年生の川田が、16人のオーケストラをバックに歌った『里の秋』はたちまち大反響を呼ぶ。NHKには放送直後から電話や手紙が殺到した。何の情報もなく、生死さえ分からない父親や息子、恋人など大切な人の生還を待ちわびる人たちの心を揺さぶったのである。

ところが、この3番は留守家族に生還の希望を抱かせたと同時に、すでに「戦死」を伝えられていた家族にはつらく響いてしまう。斎藤は苦悩する。〈自分としても3番は、なくてもよかったと思っている。歌自体はともかく『里の秋』のような歌を喜ぶ人がたくさんいる世の中は、あまり迎えたくない〉（同書）

こうした思いが昭和26（1951）年、斎藤に第3の詞を書かせることとなった。戦争色を排除し、ただ、「父の帰りを待つ家族」という設定である。斎藤のノートに残されたこの詞には〝改訂〟のただし書きや、書き直した部分が見えるが、結局、世に出ることはなく、〝幻の作〟となった。それは先の『里の秋』が、すでに〈（昭和37年末までに）放送回数が1万回を突破〉（同書）するほど人気を呼び、定着していたためであろう。

斎藤の長女、春代は「父は口に出しては言わなかったが、『里の秋』の3番だけが歌われなかったり、戦後長く、教科書にも載せられなかったことを気にしていたようです。〝戦争の歌〟だからダメなのか、と」。

斎藤は、戦争中に教育に携わった責任を感じ、終戦後一時、教職から退いたほど律義な人だった。

その後、『里の秋』が教科書で復活するのは〝秋の歌〟としてだ。現在唯一、載せている教育出版も、「季節感がある歌なので」という。平成18（2006）年には、親子で長く歌い継いでほしいとした、文化庁などによる「日本の歌百選」にも選ばれている。

令和2（2020）年で戦後75年、引き揚げ者の高齢化は進み、悲惨な体験や、つらい思いを伝えられる人は年々、減っていく。『里の秋』は単なる季節の歌であってはならない。

愛する人を守るために大事な命をなげうって戦った男たち。帰りを待つ家族。そして、平和で安らぎのある暮らしの尊さ。そんな思いが詰まった歌だと思うからだ。

斎藤信夫（さいとう・のぶお）
明治44（1911）年、現在の千葉県山武市生まれ。教師をしながら詩作活動を続ける。『里の秋』のほか、『蛙の笛』『夢のお馬車』などレコード化された作品も多い。昭和62（1987）年、76歳で死去。

長く未掲載だった『みかんの花咲く丘』

令和2（2020）年の現在から75年前の夏、戦後最初の大ヒット童謡となる名曲が誕生した。『みかんの花咲（さ）く丘』（加藤省吾作詞、海沼實作曲）である。現行の音楽教科書（小学4年生）に掲載されており、唱歌・童謡の人気調査でも上位にランクされることが多い。

『みかんの花咲く丘』は前に述べた『里の秋』の作曲者、海沼の、もうひとつの代表作だ。

そして、『里の秋』同様に〝即席〟でつくられたエピソードが残っている。

昭和21（1946）年8月24日午前、翌日に生放送されるNHKのラジオ番組のテーマソングの作曲を依頼されていた海沼は、『里の秋』を歌ったまな弟子の少女歌手、川田正子の取材に雑誌記者として訪れた加藤と会う。加藤は『かわいい魚屋さん』などでヒットを飛ばした作詞家でもあった。

海沼は急遽、テーマソングの詞を加藤に依頼することを思いつく。翌日の番組は、NHKの東京のスタジオと静岡県伊東市の国民（小）学校をつなぐ二元放送。海沼は、加藤に状況を説明した。〈静岡ですから、みかん畑の丘の上から海を見下ろし、海には船を浮かべて、煙を吐かせてほしい〉（海沼実著『海沼實の生涯』ノースランド出版）

イメージをもらった加藤は約30分で、3番までの歌詞を書き上げる。1、2番は海沼の注文に応えて、「海を望む情景」を。3番の歌詞は、「やさしかった亡き母をしのぶ子供の思い」を主題にした。

海沼は、その詞でGHQの民間情報教育局の許可をもらったものの、曲はこれからである。とにかく時間がない。海沼は、この曲を歌う川田とともに、その日のうちに列車で伊東へ向かわねばならなかった。

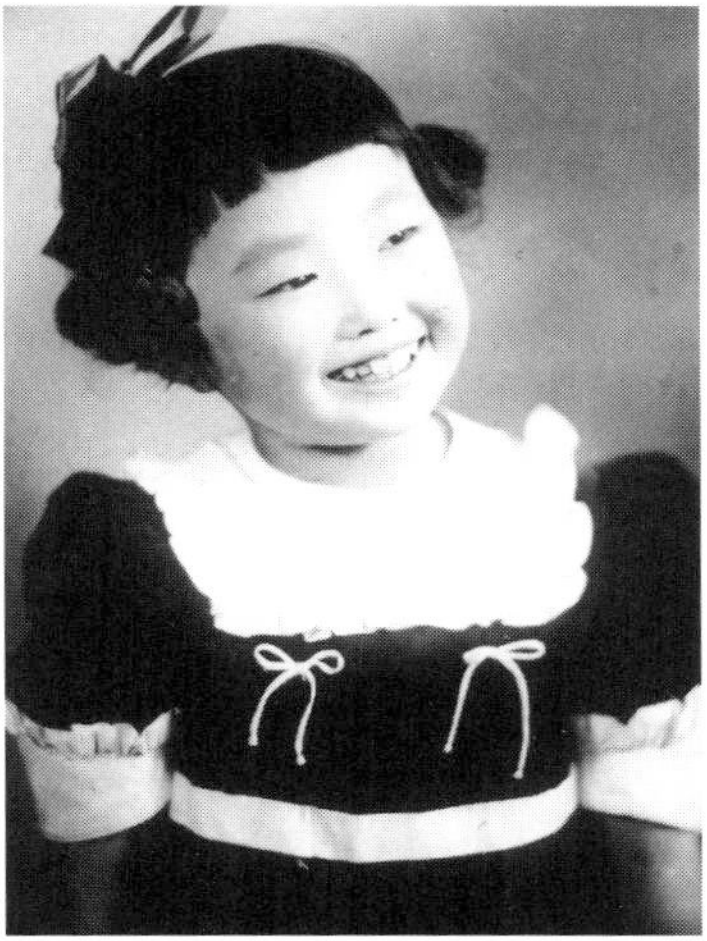

少女歌手だったころの川田正子＝写真左＝と作曲家の海沼實＝同右＝（いずれも海沼実提供）

もはや、車中で作曲するしか道はない。川田の回想だ。〈（東京から）伊東までは3時間ほどの旅です（略）小田原近くに差し掛かったころでしょうか。汽車の窓から海が見えてきました。五線譜をひざにおいた先生（海沼）が、じっと海を眺めていました〉（川田正子著『童謡は心のふるさと』東京新聞出版局）

曲想が浮かんだ海沼は一気に書き上げ、伊東の旅館に入って口伝えで川田へのレッスンを行う。翌日の生放送、〝ぶっつけ本番〟で歌った『みかんの花咲く丘』は大反響を呼ぶ。ＮＨＫには「〝みかんの歌〟をもう一度放送してほしい」という電話や手紙が殺到。

生放送一度限りのはずだった『みかんの花咲く丘』はレコード化され、大ヒットする。

川田はこう書く。〈『みかんの花咲く丘』は、戦後の荒廃した世相にさわやかな風を吹かせたと言《い》われます。可憐《かれん》な白い花びらと青い海、遠くに見える船（略）焦土と化した日本で、人々が強く求めていたものが、見事に歌い込まれているのです〉（同書）

海沼實の孫で、川田の甥《おい》にあたる音羽ゆりかご会現会長の海沼実《みのる》もこう話す。「歌詞だけでなく8分の6拍子の明るいメロディーも戦後の新時代を象徴していた。反響の大きさを見れば（童謡運動の流れをくむ歌として）〝戦後最大のヒット童謡〟と言ってもいいと思いますね」

川田の名はオールドファンには懐かしい。戦時中も少女歌手として毎日のようにラジオで歌い、「空襲のない日はあっても川田正子の歌声が放送で流れない日はない」と言われたほど。

終戦後は『里の秋』『みかんの花咲く丘』のほか、昭和22（１９４７）年開始のＮＨＫ連続ラジオドラマ「鐘の鳴る丘」の主題歌『とんがり帽子』（菊田一夫作詞、古関裕而《こせきゆうじ》作曲）を次々と歌い、一躍人気スターの座に上り詰める。

当時、続々と誕生した少女童謡歌手の代表格であった川田だが、絶頂期は短かった。女学校へ進学した同年、変声期に差し掛かったために歌手を引退する。ステージママだった母親の意向が強かったという。

海沼実は「(正子自身は)辞めたくなかったでしょうね。このときのもやもやがあったから、大人になってから歌手に復帰したのだと思う」と振り返る。

戦後を代表する『みかんの花咲く丘』にも〝戦争の影〟はつきまとった。加藤が書いた3番の歌詞に「やさしい母さん」というフレーズが出てくる。ところが、昭和22年に最初にレコード化(歌・井口小夜子)されたとき、「やさしい姉さん」と改作されて録音された。戦争で母親を亡くした孤児の感情を慮《おもんぱか》ったのである。

この部分は後に川田の録音でレコード化されたときに、元に戻された。やはり加藤の思いは「母を思う」歌だったろう。NHKBS放送の番組で、かつて少女童謡歌手だった由紀さおりが母の最期を見送るときに思い出の歌だった『みかんの花咲く丘』を家族で合唱したと回想していた。

『みかんの花咲く丘』や『里の秋』をつくった海沼實は、大正期に始まった創作童謡の流れをくむ作曲家だ。

師は草川信。『揺籃のうた』(詞・北原白秋)『夕やけこやけ』(詞・中村雨紅《うこう》)『緑のそよ風』

（詞・清水かつら）など、多くの曲が現在の音楽教科書に掲載されている。

ただ、学習指導要領に授業で扱う歌として示された小学校の歌唱共通教材には「官」の文部省唱歌が圧倒的に多く、「民」の童謡は少ない。小学校では2年生の『夕やけこやけ』1曲だけだ。

『みかんの花咲く丘』『里の秋』の小学校音楽教科書掲載も、戦後もずっと後になってからだ。なぜ、戦後を代表する童謡が長く教科書に掲載されなかったのか。

関係者のひとりは「『8分の6拍子』が子供たちには難しいことや歌が長いことがネックになったと思う。（レコードになってヒットした童謡について）〝レコード童謡〟などと見る向きがあったことも否定しない」と話す。

長く教科書に載らずとも『みかんの花咲く丘』は歌い継がれ、多くに愛された。歌の力というほかない。

海沼實（かいぬま・みのる）

明治42（1909）年、長野県生まれ。作曲家の草川信に師事。東洋音楽学校（現・東京音楽大学）に入り、児童合唱団「音羽ゆりかご会」を創設。川田正子・孝子姉妹ら多くの童謡歌手を育てた。主な作品に『みかんの花咲く丘』『里の秋』『お猿のかごや』『あの子はたあれ』などがある。昭和46（1971）年、62歳で死去。

川田正子（かわだ・まさこ）

昭和9（1934）年、東京生まれ。17年、妹の孝子とともに、海沼實が主宰する合唱団「音羽ゆりかご会」に入り、少女童謡歌手としてNHKラジオなどで活躍。終戦後、『里の秋』『みかんの花咲く丘』『とんがり帽子』などを歌い、大人気を博したが、昭和22（1947）年、変声期に差し掛かったため引退した。後に成人歌手として復帰。平成18（2006）年、71歳で死去。

『水師営の会見』は「軍歌」じゃない

「乃木坂《のぎざか》」（東京都港区）というと今の若者の多くは、その名を冠した女性アイドルグループを思い浮かべるだろう。この地名が国民の圧倒的人気を誇った軍人宅にちなみ、わざわざ改名されたという由来を知る人も少なくなった。

乃木希典《まれすけ》。日露戦争（１９０４～05年）旅順攻防戦の指揮を執った第三軍司令官。学習院長として、昭和天皇らの教育に携わった有徳の人。武士道精神を重んじ、その生き方は、ストイックなまでに清廉かつ質素。己に厳しく、部下や弱者に優しい人情家……。

往時の名声と人気は、国内にとどまらない。明治天皇崩御に殉じて自死した際には、世界中にニュースがかけめぐり、米紙ニューヨーク・タイムズは1面と2面を大きく割き、肖像写真入りで報じている。

死後も、映画や芝居、書籍のほか、せっけんや薬など〝あやかり商品〟の発売が相次いだ。何しろ、「乃木」の名がつけば当たるし、売れたのだ。軍神とあがめられたり、過度に聖人視した物語が語られるのは、乃木の本意でなかったろうが、これほど国民に敬愛され、親しまれた人で他に思い浮かぶのは、西郷隆盛くらいだろうか。

乃木の軍人としての評価には当時から毀誉褒貶《きよほうへん》あったのも事実であろう。その魅力は、人徳と慈愛にあふれた人間味にあったと思う。民衆は、日本人が大切にしてきた「心」「生き方」の具現者として乃木を見ていたのである。

文部省唱歌『水師営《すいしえい》の会見』（佐佐木信綱《のぶつな》作詞、岡野貞一《ていいち》作曲）は明治43（１９１０）年の『尋常小学読本唱歌』に収録されている。

6万人近い死傷者を出す激闘の末、ロシア軍の旅順要塞《ようさい》を落とした日本軍の司令官、乃木は明治38（1905）年1月5日、旅順郊外の水師営の陋屋《ろうおく》で、敗軍の将ステッセルと会う。

明治天皇の命を受けた乃木は、礼節を忘れず、負けた相手の名誉を重んじて、帯剣を許し、「対等」の立場で遇する。ステッセルは、この戦闘で2子を失った乃木を哀悼し、日本軍の勇敢さをたたえた。

1枚の写真が残っている。世界各国の従軍記者の求めで撮影されたものだ。日露両軍の首脳が「友人」のごとく、くつろいだ様子で肩を並べている。乃木は日本軍よりも先に露軍戦死者の墓所をつくり、ステッセルは愛馬を贈った。

勝っておごらず、敗者をいたわる――おびただしい犠牲者を出す死闘を繰り広げた後の両軍の将の会談の様子は世界に打電され、称賛を集めたのである。

唱歌『水師営の会見』も、戦勝を誇るものでも、英雄譚《たん》でもない。武士道の惻隠《そくいん》の情、あるいは、ラグビーの「ノーサイド」の精神と言ってもよい。一旦、戦いが終われば、敵味方〝どちら側〟でもない。〈昨日の敵は今日の友〉である。

水師営の会見後、記者団の求めで撮影に応じた日露両軍の首脳。乃木＝中列左から２人目＝とステッセル＝その右隣＝（乃木神社提供）

乃木が示した態度や精神は昨今の「〇〇ファースト」と自分（国）の利益のみをゴリ押ししたり、カネがすべて、とばかりにマネーゲームに狂騒したりする風潮などとは対極にあるものだ。

作詞の佐佐木は、歌人で名曲『夏は来《き》ぬ』の作者でもある。日露戦争後の明治39（1906）年6月、教科書に載せる歌をつくりたい、と乃木邸を訪ねた佐佐木に対し、乃木は「面はゆく思う」と固辞した。なおも佐佐木が「（私がやらねば）他の人が代わって御依頼《ご》に上がるかもしれませぬ」と言うと、乃木はしばらく考えた上で承諾したという。

作曲の岡野は『故郷（ふるさと）』『朧（おぼろ）月夜』などで知られる唱歌の大家。巨匠コンビによる哀愁を帯びたバラードは終戦まで子供たちに長く愛唱された。

ところが終戦後、教科書から軍国主義や皇国史観などに関わる記述を削除するGHQの方針に沿って、唱歌『水師営の会見』は、墨塗り教科書（昭和20年）、文部省暫定教科書（昭和21年）の段階で削除される。

国語や修身の教科書で扱われた「乃木の物語」も同様だ。殉死という行為が、GHQが警戒した忠君愛国、あるいは尊皇の精神を象徴するとして排除されたのは想像に難くない。乃木の名や唱歌『水師営の会見』は次第に忘れられた。

戦後75年、わが国は、このGHQなどによる日本の戦前・戦中の行為を絶対悪とする歴史観を無条件で受け入れたまま、教科書を作り続けてきた。

繰り返しになるが、唱歌『水師営の会見』は戦勝の歌ではなく、世界中が絶賛した「日本人の心」「おもてなし」の歌である。何ら恥ずべきことはなく胸を張って誇るべき内容だ。

平成25（2013）年に発行された、小学生向けの本『はじめての道徳教科書』（育鵬《いくほう》社）

は『水師営の会見—乃木希典』を取り上げている。「この話には、極限状態にあっても互いを敬う心を忘れないという道徳的な教えが描かれている。軍人の話というだけで排除するのはおかしい」（同社）

教育者としての乃木にも習うべきことは多い。学習院長として、少年時代の昭和天皇に、ときには厳しく、遠慮することなく接した。「院長閣下」と呼んで乃木を慕った昭和天皇は、その死を聞いて、涙を流されたという。

ボーイスカウト運動を日本に紹介したひとりでもある。明治44（1911）年、英国王の戴冠《たいかん》式に出席した乃木はボーイスカウトの創設者であるベーデン・パウエル（英軍人）と会い、教育法に関心を持つ。帰国後、乃木は神奈川県片瀬海岸で日本で初めてボーイスカウト式のキャンプを行った。

戦後の日本に広がった、「自分さえよければいい」という誤った個人主義、礼儀やマナーに欠ける若者、もっとだらしない大人たち……。今の日本にこそ、乃木のような教育者がほしいと私は思う。

『水師営の会見』

1
旅順開城約なりて
敵の将軍ステッセル
乃木大将と会見の
所はいずこ水師営

2
庭に一本棗《ひともとなつめ》の木
弾丸あともいちじるく
くずれ残れる民屋《みんおく》に
今ぞ相見る二将軍

3
乃木大将はおごそかに
御《み》めぐみ深き大君の
大みことのり伝うれば
彼かしこみて謝しまつる

4
昨日の敵は今日の友
語る言葉も打ち解けて

我は称えつかの防備
彼は称えつ我が武勇

5
かたち正して言い出でぬ
「此の方面の戦闘に
二子《にし》を失い給いつる
閣下の心如何《いか》にぞ」と

6
「二人の我が子それぞれに
死所を得たるを喜べり
これぞ武門の面目」と
大将答え力あり

7
両将昼食《ひるげ》共にして
なおも尽きせぬ物語
「我に愛する良馬あり
今日の記念に献ずべし」

8
「厚意謝するに余りあり

軍の掟に従いて
他日我が手に受領せば
ながくいたわり養わん」
「さらば」と握手ねんごろに
別れて行くや右左
砲音《つつおと》絶えし砲台に
ひらめき立てり
日の御旗《みはた》

9

乃木希典（のぎ・まれすけ）
陸軍大将、学習院長。嘉永２（１８４９）年、長府藩（長州藩の支藩）士の三男として生まれる。陸軍軍人として、西南の役、日清、日露戦争に従軍。国民から「乃木さん」「乃木大将」と親しまれた。大正元（１９１２）年、明治天皇崩御後、静子夫人とともに自刃した。享年62。

〝手の平返し〟にされたヒーロー・正成

前項の主人公、乃木希典には〝明治の楠公《なんこう》（楠木正成《くすのきまさしげ》）〟の異名がある。どちらも多くの国民から愛された人気者。天皇への忠義を生涯貫いたところも同じだ。

乃木は、正成を深く敬愛していた。南北朝時代を描いた軍記物語『太平記』の有名な正成・正行《まさつら》父子別れ（桜井のわかれ）の場面の舞台とされている桜井駅跡史跡公園（大阪府島本町）には、めったに書（揮毫《きごう》）を残さなかった乃木直筆の巨大な石碑「楠公父子訣別《けつべつ》之所」が立っている。

献碑式典は大正2（1913）年7月に行われ、陸軍の工兵大隊が作業を担当した。現在はないが、以前は碑の周りに濠《ほり》がめぐらされていたという。

長州出身の乃木は、吉田松陰の弟弟子にあたる。松陰も、正成に心酔していた。大楠公墓所（現・神戸市中央区の湊川神社内）を生前4度も訪れ、墓碑の拓本を松下村塾《しょうかそんじゅく》に掲げていたほど。松陰の薫陶を受けた長州の若き志士たちは、正成の精神に突き動かされて明治維新を成し遂げる。

さらに遡《さかのぼ》る。江戸時代、浅野内匠頭《たくみのかみ》が吉良上野介《きらこうずけのすけ》を江戸城内で切りつけて、切腹・お家取り潰しとなり、家老の大石内蔵助《くらのすけ》ら四十七士が仇《あだ》討ちをした赤穂《あこう》事件が起きた。後に、人形浄瑠璃、歌舞伎化されたとき、幕府をはばかって、時代設定が江戸時代→『太平記』の時代に移された。

仇《かたき》役の吉良を想定してつけられた役名は、正成の宿敵・足利尊氏の側近「高師直《こうのもろなお》」。と、くれば主役の大石（役名は大星由良之助《おおぼしゆらのすけ》）のイメージは正成であろう。主君に忠義を尽くし命をなげうった大石に江戸の庶民は正成の姿を擬し、喝采を送ったのである。

なぜ正成は、いつの時代も日本人の心をわしづかみにしてきたのだろうか。

軍略と知謀を駆使して、2ケタも違う大勢の敵と勇猛果敢に戦い、やっつけてみせる痛快さ。

乃木希典が揮毫した「楠公父子訣別之所」の石碑＝大阪府島本町

氏素性のはっきりしない土豪から成り上がるロマン。不利と分かっていてなお主君への忠義を貫き通した誠心。あるいは親子の情愛。そして、散り際の哀《かな》しさ……。日本人が思い入れをしたい「情緒のテーマパーク」だ。

もちろん、物語として語り継がれてきたすべてが、史実であったわけではないだろう。後世にキャラクター化されて広まった部分があるのは否定しない。

ただ、そこには日本人がずっと大事にしてきた心や態度が込められている。それを具現化した理想の姿を正成に託したのだ。

桜井駅跡史跡公園にある正成・正行父子の石像には「滅私奉公」の文字が刻まれている。利己ではなく「利他」。日本人と中・韓との違いもここだ。

伝統的に儒教による家族主義を第一として中・韓には「公」に尽くすという意識が乏しい。一族（私）の繁栄こそが何よりも優先される。だから共産党政権になっても中国人は一族の利益のために汚職や不正蓄財をやめないし、韓国の歴代大統領は哀れな末路をたどる。

いやいや、明治維新から終戦までの日本は、国家に忠誠を誓わせるツールとして正成を使ったのではないか。教科書（国史、国語、修身、唱歌など）にその物語や歌を載せ、子供のころからその精神を〝たたき込んだ〟。先の大戦では、戦意高揚、特攻作戦の遂行に利用したではないか？

こうした批判もあるだろう。これもすべては否定しないが、逆から言えば、それほどまでに正成が国民から愛されていたからこそ〝利用〟されたのだろうし、凄《すさ》まじいほどのブームの広がりは国家の〝押しつけ〟では説明ができない。

長い前置きを終えて本題に入ろう。〝押しつけ〟ではない例として挙げたいのが明治から終戦までにつくられたおびただしい数の「楠公もの」とでもいうべき歌である。

それは正成や正行（小楠公）、家族や関係者のことを歌ったものだ。文部省（当時）が編纂した教科書（唱歌集）だけではない。軍歌や流行歌、詩吟まで。あらゆるジャンルの音楽で、「楠公」は民衆に愛唱されてきた。あまりに数が多すぎて、すべてを網羅するのは難しい。

「唱歌の父」伊沢修二が中心となってつくら

明治から終戦までにつくられた主な「楠公の歌」

忠臣
桜井の訣別（青葉茂れる桜井の）
桜井のわかれ
四条（條）畷
家の紋
小楠公（※同名異曲多数）
楠公父子
小楠公の母
千早城
南朝五忠臣

れた日本初の五線譜つき音楽教科書『小学唱歌集』（明治14〜17年、文部省音楽取調掛《とりしらべがかり》編）第三編に楠公を題材にした唱歌『忠臣』が収録されている。

同唱歌集には、『蝶々《ちょうちょう》』『蛍（の光）』『仰げば尊し』などが入っており、メロディーは西洋音楽（各国民謡など）から借りた。♪嗚呼《ああ》、香《かぐわ》し楠の二本《ふたもと》〜という歌詞で始まる『忠臣』の原曲も穏やかな調子のスペイン民謡である。

「唱歌」の系譜では、文部省編纂の『尋常小学唱歌』の第四学年用に『桜井のわかれ』（♪青葉茂れる桜井の〜で始まる歌とは別曲）、『家の紋』が盛り込まれた。『桜井のわかれ』は、日本統治下の台湾の『公学校唱歌』にも収録されている。さらに戦時中に使用された『初等科音楽』には、『小楠公』『千早城』などがある。

大和田建樹《たけき》が作詞し、『夏は来《き》ぬ』の小山作之助が作曲した『四条《しじょう》（條）畷《なわて》』は明治期の民間の『新編教育唱歌集』に入った。

その大和田が携《たずさ》わった『鉄道唱歌』（明治33年）にも「楠公もの」が盛り込まれている。第一集東海道の歌詞の64番は〈七度うまれて君が代をまもるといいし楠公の〉と歌う。

現在の小学6年生の歌唱共通教材に『越天楽今様』がある。日本古謡に慈鎮和尚が歌詞をつけたものだ。楠公の歌にもそれがある。『南朝五忠臣』（作詞不詳）だ。これだけ挙げても一部でしかない。

教育現場から一掃された「楠公の歌」

楠木正成・正行父子や家族、関係者を歌った一連の歌の中で、戦後も生き残った代表的な歌がいくつかある。昭和30～40年代発行の歌集を見てみたい。

堀内敬三・井上武士編『日本唱歌集』（昭和33年初版、岩波書店）には、「青葉茂れる桜井の」の題名で『桜井の訣別《けつべつ》』（落合直文作詞、奥山朝恭《ともやす》作曲）や『四条畷』を収録。『鉄道唱歌』は東海道編で、「楠公」を歌った64番が入っている。

『日本の詩歌　日本歌唱集・別巻』（昭和43年初版、中央公論社）も、こちらは「大楠公」のタイトルの『桜井の訣別』と『四条畷』だ。さらには、大正期のメーデー歌『聞け万国の労働者』（大場勇作詞）が入っている。一見、無関係そうなこの歌には、明治の軍歌『小楠公』のメロディー流用説があり、後述したい。

これらを見れば、少なくとも昭和30～40年代には、明治の時代につくられた『桜井の訣別』や『四条畷』の2曲がよく歌われていたことが分かる。

中でも代表格といえるのは、戦前・戦中に教育を受けた人なら誰もが知っていたに違いない、♪青葉茂れる桜井の～で始まる『桜井の訣別』であろう。

「桜井の訣別」は、南北朝時代を舞台にした軍記物語『太平記』に描かれた名場面。桜井の駅（現・大阪府島本町）で宿敵・足利尊氏との最終決戦を前に死を覚悟した正成が子の正行に、後醍醐天皇から贈られた刀を与えて、自分の死後も帝へ忠義を尽くすことを言い渡し、本拠地の河内へ帰す涙のシーンだ。

この題材は、戦前・戦中の国語、国史の教科書などでも登場、日本統治下の朝鮮など、外地の教科書にも収録されている。

歌の題名は、その都度違う。明治32（1899）年の『學校生徒行軍歌　湊川』にこの歌が楽譜付きで載っている。ただし、歌詞は15番まであり、4章構成。その1～6番の第1章に「桜井訣別」のサブタイトルがつけられている（以下の章は「敵軍襲来」「湊川奮戦」「楠公頌徳《しょうとく》」）。

ところが、明治37（1904）年の落合の遺稿集『萩之家遺稿』では「楠公の歌」のタイトルでくくられ、当該部分は『桜井の訣別』となった。

さらに、後年のレコードなどでは「訣別」→「わかれ」と読ませるものがあったり、『青葉茂れる桜井の』『大楠公』の題名もあったのは先の唱歌集のくだりで書いた通りである。では、いつごろ「歌」として成立したのだろうか。『日本唱歌集』の編者である音楽評論家の堀内は『定本　日本の軍歌』（実業之日本社）の中で、作曲者の奥山から聞いた話として〈作曲年代は明治二十三（1890）年である〉と書いている。

実は、明治33（1900）年につくられた旧制一高の寮歌『千代よぶ聲《こえ》に星は去り』のメロディーはこの歌から借用されている。初版の一高寮歌集（明治37年発行）の楽譜（数字譜）には「楠公の譜」と明記されており、少なくとも、この時期には広く歌われて、浸透していた証拠になろう。

この歌は文部省唱歌ではない（それ以前の成立）。これとは別に『桜井のわかれ』（♪必死を期するいくさの門出）という題名の歌があり、明治44（1911）年から発行された文部省『尋常小学唱歌』の第四学年用に収録されている。この歌は、日本統治下の台湾の小学生用に台湾総督府がつくった『公学校唱歌』にも掲載されているが、結局残ったのは♪青葉茂れる桜井の～の方だ。

なぜ、文部省唱歌ではなかったこちらの歌が長く愛唱されてきたのか。

童謡詩人で『明治唱歌の誕生』(勉誠出版)を書いた中山エイ子は、歌自体の良さを挙げる。「調子が良くて哀愁のあるメロディー。詞の内容も叙情的で訴えるものがありますから」。先述の堀内も〈詠史歌としては最も優秀な歌詞を持ち、曲もまた日本的な深さをもっていて、長く誦《しょう》するにたりるものと思う〉(『定本　日本の軍歌』)と絶賛している。

子供のころ、遊びをしながらよく歌ったという人も。「楠公さん」の愛称で知られる湊川神社(神戸市中央区)で毎月2回、活動している「楠公歌の会」では必ず、この歌を歌う。副会長の河合純子は「鞠《まり》つきやおじゃみ(お手玉)遊びをしながら調子をとって歌い、自然に覚えた気がします。やはり特別な歌ですね」。

ところで、「楠公」の歌で最も多くタイトルに使われているのは『小楠公』かもしれない。戦時下に使われた文部省編纂の『初等科音楽三(5年生用)』には、文部省唱歌の『小楠公』が収録されている。古賀政男が作曲し、菅原都々子《つづこ》が歌った『小楠公』もある。

少し変わった形で知られている『小楠公』は、『元寇』『雪の進軍』などをつくった陸軍戸山学校軍楽隊隊長の永井建子《けんし》が明治32(1899)年に編纂した『鼓笛喇叭《らっぱ》軍歌実用新譜』の中に楽譜付きで収録されている歌だろう。

それは、後にメロディーが他の歌に流用された、という説があるからだ。先述した「メーデー歌」のほか、明治34（1901）年の一高寮歌『アムール川の流血や』の節も似ている（※異説あり）。これが事実ならば当時、「楠公」の歌が広く民衆に歌われ、愛された証拠になるのではないだろうか。

だが戦後、一連の歌は学校教育の場から一掃され、今は、愛好家にわずかに歌い継がれているだけになった。中山は言う。

「（戦前・戦中には）あれほど大人気で、いろんな形で歌われた歌ですよ。ぜひ復活させたい。そのためには『歌わなきゃ』と思います」

『桜井の訣別』

1　青葉茂れる桜井の　里のわたりの夕まぐれ　木《こ》の下陰に駒とめて　世の行く末をつくづくと　忍ぶ鎧の袖の上に　散るは涙かはた露か

2　正成涙を打ち払い　わが子正行呼び寄せて　父は兵庫に赴かん　かなたの浦にて討ち死せん　汝《いまし》はここまで来つれども　とくとく帰れ故郷へ

3　父上いかにのたもうも　見捨てまつりてわれ一人　いかで帰らん帰られん　この正行は年こそは　いまだ若けれ諸ともに　御供《おんとも》仕えん死出の旅

4　汝をここより帰さんは　我が私の為ならず　おのれ討死為さんには　世は尊氏のままならん　早く生い立ち大君《おおきみ》に　仕えまつれよ国の為

5　この一刀《ひとふり》は往《い》にし年　君のたまいしものなるぞ　この世の別れの形見にと　汝にこれを贈りてん　行けよ正行故郷へ　老いたる母の待ちまさん

6　共に見送り見返りて　別れを惜しむ折からに　またも降りくる五月雨《さみだれ》の　空に聞こゆる時鳥《ほととぎす》　誰か哀れと聞かざらん　あわれ血に泣くその声を

今こそほしい『村の鍛冶屋』の頑固おやじ

唱歌・童謡が、音楽教科書から外される理由のひとつに「時代に合わなくなった」というものがある。社会や世相が変わってしまったために、明治や大正の時代に書かれた歌詞が現代の子供たちには、理解されなくなったというのだ。

その代表例が、文部省唱歌の『村の鍛冶屋（かじや）』だろう。初出は、大正元（1912）年の『尋常小学唱歌』第四学年用である。

以後、昭和7（1932）年の『新訂尋常小学唱歌』第四学年用にも続けて掲載。戦時下（昭和17年）の『初等科音楽二（4年生用）』にも収録されたが、歌詞は「2番まで」の掲載となり、歌詞も一部変えられた（※いっこく老爺《おやぢ》↓いっこく者など）。

終戦後、GHQの方針に沿って軍国主義や神道などに関わる歌が排除された際にも、この歌は「関係がない」とみなされて残る。

当然だろう。戦時下に消された3番の歌詞には、（武器である）「刀」はうたねど「平和」のうち物、とうたってあったくらい。だから、終戦直後の墨塗り教科書や暫定教科書（昭和21年）でも、『村の鍛冶屋』はしっかりと生き残った。

そして昭和22（1947）年、文部省（当時）が内容を一新して編纂した『四年生の音楽』でも2番までが掲載された。歌詞はさらに「いつこく者」↓「はたらき者」、「打ちだす刃物」↓「打ちだす　すき、くわ」などの改変が行われている。

ここで登場したすき、くわは、原曲の詞の3番に出てくる。「馬鍬《まぐわ》（田んぼで馬に引かせたくわ）」、「作鍬《さくぐわ》（農作業に使うくわ）」、「鋤《すき》」と言葉は難解だが、いずれも当時の農村では、見慣れたものばかり。「いつこく者」は頑固《がんこ》一徹で職人気質《かたぎ》な親方（おやじ）という意味だ。

『村の鍛冶屋』は、その後、昭和40年代まで、学習指導要領が定める歌唱共通教材に指定されていた。ところが、昭和50年代になって指定から外され、昭和の時代が終わるころには、教科書から完全に消えている。

それまでに、歌詞を削ったり、改変したりして何とか「時代」に合わせてきたものの、「村の鍛冶屋」など日本の社会からとっくに姿を消してしまい、もはや子供たちに理解されないと言いたいのだろう。

私には残念でならない。『村の鍛冶屋』の特に原曲の歌詞には、日本人が古来大切にしてきた「価値観や美意識」「ものづくり」への敬意が込められている、と思うからだ。『村の鍛冶屋』に描かれているのは、頑固者だけど職人としての腕に誇りを持ち▽勤勉で▽一生懸命に働けばいつか良い日がやってくると信じている――実直な男の姿である。日本では古来、こうした職人の技が大切にされ、伝統として受け継がれてきた。文人ばかりが偉くて、武人や商工業者が低く見られていた朝鮮半島とはそこが違う。

ただ、日本の社会でも最近は、こんな「頑固おやじ」がいなくなった。大衆消費社会の拡大によって、匠《たくみ》の技や、ものづくりの伝統も消えつつある。

私が小学生だった昭和40年代には、無口で、近寄るのも恐ろしい、頑固おやじ、雷おやじが必ず町内にいた。子供たちが悪さをすれば、他人の子でも容赦なく叱りつける、場合によっては手も飛んでくる。学校だってそう。鬼教師と呼ばれるほど威厳と迫力満点の先生がいたものである。

軟弱な大人が増えてしまった昨今は、他人の子供を叱り飛ばす大人なんてめったにいない。大人自身に威厳も自信もなくなってしまったことがひとつ。そして、そんな行為に及べば、たちまち警察や教育委員会に通報されてしまう。あるいはネット上に悪評をバラまかれるだろうか。

『村の鍛冶屋』の初出唱歌集（教科書）『尋常小学唱歌』第四学年用の全20曲から現代まで残った歌は『春の小川』くらい。先に同第三学年用で『春が来た』『茶摘』『虫のこえ』などが歌い継がれていることを書いたが、対照的である。

その第三学年用には、『村祭』（♪村の鎮守の神様の〜）が掲載されていた。村民たちの守り神と、収穫を祝うお祭り。どこの地方でも見られたハレの日を、ゆかいなメロディーと、お囃子の擬音に乗せた歌である。

この『村祭』は終戦直後の墨塗り教科書で消された。「神様」や「御代《みよ》」の歌詞が、GHQが禁じた神道や皇民化政策に関係するとみられたのだろう。

ところが、より曲数を絞った昭和21（1946）年の暫定教科書（『初等科音楽一』3年生用）

では復活。昭和22（1947）年の『三年生の音楽』にも掲載されている。一部歌詞を変えた（御代↓みのりの秋、など）ことで、GHQにもこの歌が、いわゆる国家神道などとは無関係で「日本人の伝統的な共同体や風習」を歌った歌だと理解されたからに違いない。ただ、『村祭』も『村の鍛冶屋』と同じく、昭和50年代の歌唱共通教材から削除されている。一部教科書には平成の時代まで掲載されたが、現在は小学校の音楽教科書を発行する2社（教育芸術社、教育出版）ともに収録はない。

歌唱共通教材を設けている意義について文部科学省は〈我が国で親しまれてきた唱歌や童謡、わらべうた等を、子どもからお年寄りまで世代を超えて共有できるようになることにあります。また、我が国で長く歌われ親しまれてきたうたを取り扱うことは、我が国のよき音楽文化を受け継いでいく意味からも大切です〉などと説明してきた。「世代を超えて」を掲げるならば、単に時代に合わなくなったことで、切り捨てるのはおかしい。

現在の教科書の他の歌で行われているように、難解な言葉には注釈を付ければいいし、教師が背景を説明するのもいい。歌は時代を映す鏡である。『村の鍛冶屋』や『村祭』には日本の農村にこうした営みがあり、農民の作業を支えていた。歌を口ずさみながら、子供たちが先人の歴史に触れるというのも唱歌・童謡の役割ではないか。
終戦後、GHQの方針に沿って有無を言わさず削除されてしまった「兵隊さん」や「神話」「偉人（軍人を含む）」の歌についても、そう思う。

『村の鍛冶屋（かじや）』

〔大正元年の『尋常小学唱歌』第四学年用に掲載された原曲の歌詞（旧かなづかい）〕

1　暫時《しばし》もやまずに槌うつ響《ひびき》　飛び散る火の花はしる湯玉《ゆだま》　鞴《ふいご》の風さへ息をもつがず
仕事に精出す村の鍛冶屋

2　あるじは名高きいつこく老爺《おやぢ》　早起早寝の病《やまい》知らず　鉄より堅《かた》しとほこれる腕に
勝りて堅きは彼がこころ

3　刀はうたねど大鎌小鎌　馬鍬《まぐわ》に作鍬　鋤《すき》よ鉈《なた》よ　平和のうち物休まずうちて　日毎《ひごと》
に戦ふ懶惰《らんだ》（※）の敵と

4　かせぐにおひつく貧乏なくて　名物鍛冶屋は日々に繁昌《はんじょう》　あたりに類なき仕事の
ほまれ　槌うつ響きにまして高し

※懶惰→面倒くさがって怠けること

第3章

生き残った名曲の秘密

作者も惚れ込んだ最高傑作『夏は来ぬ』

200年近い歴史を持つ三木楽器の本店は大阪・心斎橋にある。創業は江戸時代の文政8(1825)年。ただし、最初から楽器店だったのではない。貸本をメインとする書籍商「河内屋佐助」からスタートし、出版、貿易、楽器販売へと乗り出してゆく。

出版部門では、「三木(佐助)書店」や「開成館」の名義で、明治期以降の教科書など教育関係の書物で業界をリードした。こうした中でも、音楽関係者との交流を深め、ビジネスで強みを発揮する。

特に、明治33(1900)年に発行した『地理教育　鉄道唱歌』は大ベストセラーとなり、同社の屋台骨を支えた。

『三木楽器史』(平成27年)にこうある。〈三木の他店にない強さといえば、物販だけでなく、教育の面からも音楽と関係していることであった〉。大正14(1925)年には本店内にコンサートや音楽講習会を開催する三木ホールを完成させる。

同社中興の祖というべき4代目三木佐助は、山田耕筰ら有能な音楽家らを物心両面で支

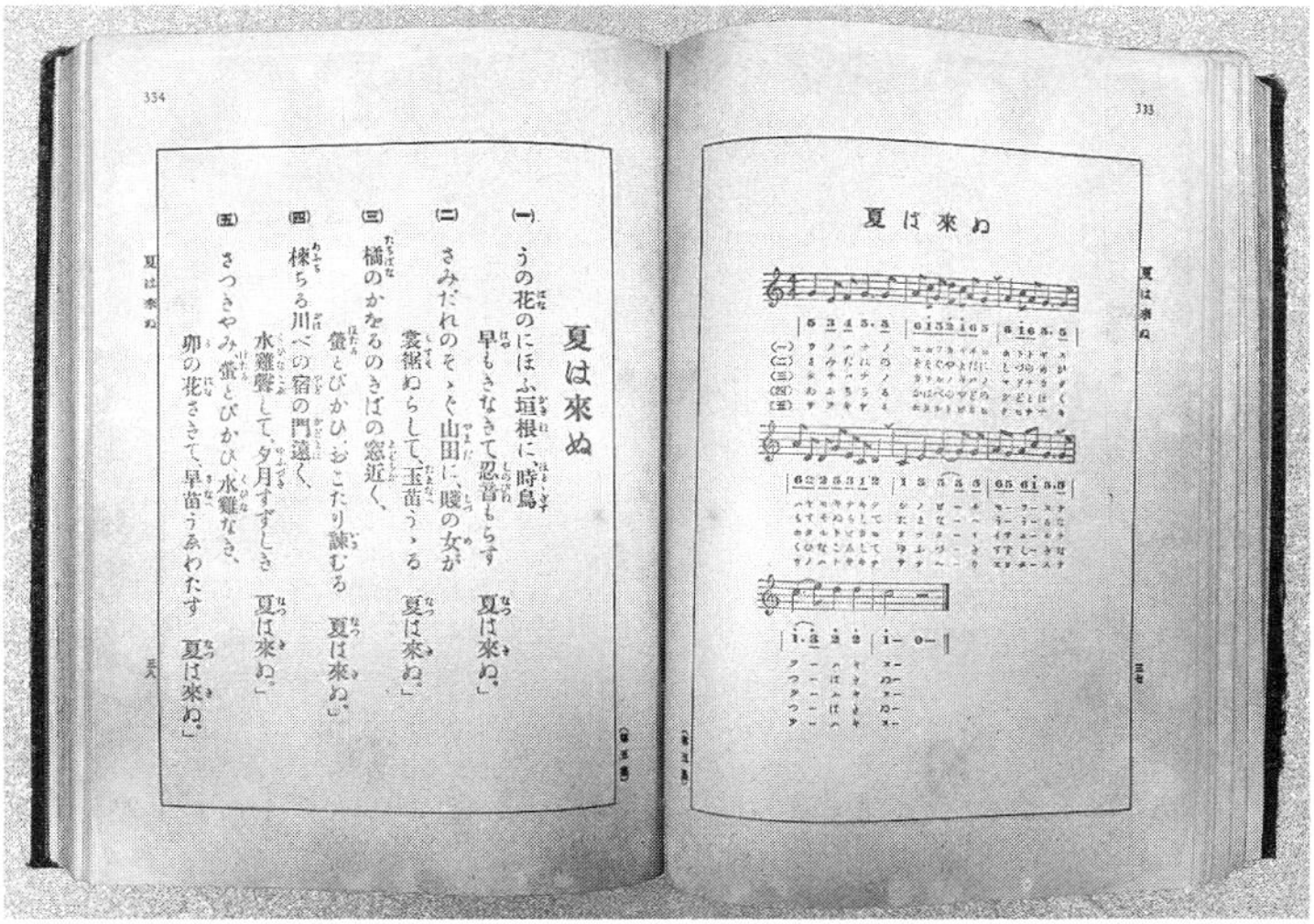

明治期の『新編教育唱歌集』に掲載された『夏は来ぬ』（三木楽器提供）

援し、大阪における、タニマチともいうべき存在でもあった。

〝夏の定番〟で唱歌の名曲『夏は来《き》ぬ』も、同社発行の唱歌集からデビューした。明治33年6月の『新撰《しんせん》国民唱歌第二集』（三木楽器店印行）である。

格調高い歌詞と美しいメロディー。日本人の心をつかんで離さないこの歌の作詞は、歌人の佐佐木信綱、作曲は、東京音楽学校（現・東京藝大）教授の小山作之助（※唱歌集のクレジットはペンネームの「本元子」）。同唱歌集は、作之助が編者となり、三木佐助が発行者となった。

『夏は来ぬ』は明治38（1905）年、

同社系の東京開成館発行『新編教育唱歌集　第五集』（教育音楽講習会編纂）に少しだけ歌詞を変えて再掲される。

文部省唱歌は、この5年後に発行された『尋常小学読本唱歌』（『我（われ）は海の子』『春が来た』など収録）以降の官製（文部省編纂）の唱歌集に収録された歌を指す場合が多いから、『夏は来ぬ』はそれ以前に「民」の唱歌集の中で愛唱された名曲といえる。

『夏は来ぬ』が掲載された『新編教育唱歌集　第五集』には、先述した同じく作之助作曲で〝楠公もの〟の唱歌『四条畷』も収録されている。同社は唱歌集『国民教育　忠勇唱歌』（明治34年）でも、楠公ものを取り上げた。『楠公父子』は、同じ大和田・作之助（「本元子」）コンビによる。

話を『夏は来ぬ』に戻したい。作之助の出身地である新潟県大潟町（現・上越市）が平成16（2004）年に『資料収集報告書　夏は来ぬ』を刊行している。

それによれば、作之助は『夏は来ぬ』以前にも『国民唱歌集』（明治24年）など多くの作品を発表し、そこに収録された軍歌の名曲『敵は幾万《いくまん》』（作詞は山田美妙《みみょう》）も送り出している。

だが、曲を先に書いた『夏は来ぬ』の出来栄えは自身でも格別だったらしい。その自信作の作詞を、作之助が師事していた歌人の佐々木弘綱《ひろつな》の息子で、当時はまだ20代だった新進気鋭の信綱に依頼した。

歌人・国学者の名門の家を継ぐ信綱は、万葉集などの古歌を踏まえ、初夏の風景を描いた5番までの歌詞を書き上げる（※前述したように、若干の歌詞の改訂や、2番にあった「賤《しず》の女《め》」→「早乙女《さおとめ》」への変更が後に行われている）。

ちなみに、作之助は明治34（1901）年発行の唱歌集に、同じメロディーに自分で詞をつけた（クレジットは作之助のペンネーム「無名氏」）『夏』という歌を収録している。歌詞は20番まである長編で、1番は♪新しく掘りたる池　水ためて金魚放さん　夏こそ今よ　いざ来たれ～と歌う。出来は信綱の詞に及ぶべくもないと言わざるを得ない。

作之助はいくつものペンネームを使い分けていた。弟子の村上市郎が書いた評伝『小山作之助先生の面影』（昭和16年）によれば、それは〝責任感〟による使い分けだったらしい。〈もしなお推敲《すいこう》を要すると思料《しりょう》するものをやむを得ず印行に付さなければならない場合は（略）「作曲者未詳」「無名氏」等の擬名《ぎめい》によって発表する〉。自分で詞を書いた『夏』がまさしくこれにあたる。

一方、『夏は来ぬ』のペンネーム「本元子」はどうか。村上はこう見ている。〈その作品がまず、わが意を得たりとするものか、しかざれば多少軽快味や滑稽味のある創作品に限られたという感がする〉と。やはり『夏は来ぬ』は作之助の自信作だったのである。

大潟町の資料収集報告書によれば、「本元子」は当時作之助が住んでいた「本郷元町」からつけられたペンネームだという。

100年以上にわたって愛唱され続けてきた『夏は来ぬ』は、平成18（2006）年、親子で長く歌い継いでほしいとした、文化庁などによる「日本の歌百選」に選ばれている。

小学校音楽の現行教科書では、教育芸術社の『小学生の音楽6（6年生用）』が『夏は来ぬ』を取り上げている。

ただし、歌詞は「1、5番」のみの掲載だ。これは、昭和22（1947）年に文部省が全面改定してつくった『五年生の音楽』に収録されたときから同様だった（※このときは原曲の5番→2番としている）。

確かに、現在の教科書に載る歌の多くが「3番まで」であることや、時代の変化、難解な言葉を避けたのかもしれない（※「卯《う》の花」「水鶏《くいな》」などには注釈がある）。

だが、私は小学生がこの名曲を歌いながら、古《いにしえ》の日本の言葉を味わういい機会になると思う。ぜひ5番全部を載せていただきたい。

『夏は来ぬ』

1　卯《う》の花の匂う垣根に　時鳥《ホトトギス》　早も来鳴きて　忍音《しのびね》もらす　夏は来ぬ

2　五月雨のそそぐ山田に　早乙女が（※原曲の歌詞は「賤の女」）　裳裾《もすそ》ぬらして　玉苗《たまなえ》植うる　夏は来ぬ

3　橘の薫る軒端《のきば》の　窓近く　蛍飛び交い　おこたり諫《いさ》むる　夏は来ぬ

4　楝《おうち》ちる川べの宿の　門《かど》遠く　水鶏《くいな》声して　夕月すずしき　夏は来ぬ

5　五月《さつき》やみ（※同「夏は来ぬ」）　蛍飛び交い　水鶏なき　卯の花咲きて（※同「卯木《うつぎ》花咲き」）　早苗《さなえ》植えわたす　夏は来ぬ

小山作之助（こやま・さくのすけ）

文久3（1863）年、現在の新潟県上越市出身。文部省音楽取調掛（後に東京音楽学校を経て現・東京藝大）に入り、東京音楽学校教授として滝廉太郎などの指導にあたった。主な作曲作品に『夏は来ぬ』『敵は幾万』『漁業の歌』などがある。昭和2（1927）年、63歳で死去。

ベストセラーで外地へ延伸『鉄道唱歌』

♪汽笛一声新橋を～で始まる『鉄道唱歌』のメロディーは時代を超えて広く愛唱されている。列車の車内放送や駅の発車メロディーとしての使用例も多い。

明治33（1900）年、この歌の唱歌集がベストセラーとなり、発行元の三木楽器（三木佐助書店）の経営を支えたことは前に書いた。

『三木楽器史』を見てみたい。〈国内鉄道沿線の風景を歌った『地理教育　鉄道唱歌　第一集東海道編』（※大和田建樹作詞、多梅稚《おおのうめわか》・上真行《うえさねみち》作曲　全66番）が出版されると、音楽関係書籍における三木の評判は一気に全国区になった〉

同書によれば、歌詞に地名や歴史事項を入れたこの種の歌は江戸時代から「往来物」というジャンルで存在していたが、明治になってブームが再燃する。

その背景に、明治5（1872）年、新橋―横浜間の鉄道開業以降の急速な鉄道網の発達があったのは言うまでもない。各出版社が参入し、活況を呈していた。

この中にあって、三木は、ひと手間加える。大量販売が見込める学校の教科書（教材）

として採用されるよう「地理教育」のサブタイトルをつけ、教育用であることを前面に打ち出した。さらに、鉄道会社とタイアップして、音楽列車を走らせるなど宣伝面にも力を注ぐ。『地理教育　鉄道唱歌　第一集東海道編』は10万部を超えるベストセラーとなった。

勢いづいた同社は、明治33年中に、続編の山陽・九州編（第二集）▽奥州・磐城編（第三集）▽北陸編（第四集）▽関西・参宮・南海編（第五集）を立て続けに出版。さらに、舞台を「海」に変えた『海事教育　航海唱歌』（大和田作詞、多・田村虎蔵作曲）や『散歩唱歌』（大和田作詞、多作曲）を、明治44（1911）年には、風景や時代の変化によって歌詞に修正を加えた『訂正鉄道唱歌』を出版し、このカテゴリーは三木の看板商品となっていった。

『鉄道唱歌』の多梅稚作曲の楽譜（三木楽器提供）

『鉄道唱歌』を作詞した大和田は歌人、詩人、国文学者であり、多くの唱歌も書いた。明治21（1888）年、奥好義《おくよしいさ》（作曲家）との共編で出版した『明治唱歌』第1集には外国曲に詞をつけた『故郷の空』が入っている。

三木とは、『新編帝国軍歌』『日本唱歌』などの出版で関係を深め、同社の唱歌集のヒットメーカーに。明治42（1909）年には、別の社からも『東海道唱歌　汽車』などの汽車3部作を出し、鉄道唱歌の第一人者の座を確立してゆく。

その鉄道唱歌で三木の工夫は、もうひとつあった。大和田の詞に曲をつけるにあたり、大阪府師範学校（現・大阪教育大学）教諭の多梅稚と、東京音楽学校講師の上真行の2人に依頼した（第一、二集）ことである。

再び『三木楽器史』に拠《よ》る。〈（2人の曲から）消費者が好きな方を選択できるようにした。上の方は格調高い曲であったが、多の方は軽快なピョンコ節であった。幅広い顧客の好みに対応できるようにした三木の戦略は絶妙であったといえるが、結局は分かりやすい多の方が愛唱され、現在でも残ることになった〉

多と上。2人とも雅楽の家に生まれているのが興味深いが、当時の知名度ならば、今に残る『一月一日《いちげついちじつ》』を作曲し、東京音楽学校教授や宮内省雅楽部楽長を歴任する上が勝るだろうか。多も後に、東京音楽学校教授になったが、『鉄道唱歌』以外に知られた曲は少ない。

この1曲が多の名を残すことになった。

鉄道唱歌は、やがて鉄路の延伸とともに、外地へも伸びてゆく。

現在、韓国・北朝鮮が使っている鉄道路線のほとんどは日本人の手によって建設された。京城（現・韓国ソウル）と釜山を結ぶ京釜線の開通は大韓帝国時代の明治38（1905）年、渋沢栄一らが設立した京釜鉄道によるもので後に朝鮮総督府鉄道（鮮鉄）が引き継いだ。

満州（現・中国東北部）の鉄道も同年、日露戦争の勝利によってロシアから一部路線の経営権を獲得。日本の国策会社・南満洲鉄道（満鉄）が全満に及ぶ路線網を建設。下関から関釜連絡船・鮮鉄・満鉄を結ぶルートには、現在の新幹線の愛称になっている「のぞみ」「ひかり」などの急行列車が走り、大陸から欧州へ向かう最短ルートだった。

大和田が全60番の歌詞を作詞し、明治39（1906）年に出版された『満韓鉄道唱歌』は、その大陸ブームにあやかったのだろう。

さらに続いて『韓国鉄道唱歌』『満洲鉄道唱歌』なども出版されている。ちなみに韓国の代表的唱歌とされる『学徒歌《ハクトガ》』は『鉄道唱歌』のメロディーを借用した。

『満韓鉄道唱歌』で、沿線風景や硝煙の跡も生々しい日露戦争の戦地をめぐる大和田の歌詞は最後の60番でこう締めくくっている。〈ああ清国も韓国も　共に親しき隣国ぞ〉と……。

外地（台湾・満州・朝鮮）については第4章と第5章で詳述したい。

『満韓鉄道唱歌』

1　汽笛の響いさましく　馬関（※下関）を跡に漕《こ》ぎ出《い》でて　蹴破る荒波百海里　鶏林《けいりん》
八道（※朝鮮）いづかたぞ

4　船よりあがりて汽車に乗る　京釜線路の初旅路　もの珍しき草梁《そうりよう》を　出づれば間
もなく釜山鎮

23　それより京義鉄道の　基点に名ある龍山を　過ぐれば来る南大門　嬉《うれし》やここは京
城よ

25　京城くまなく一覧し　重ねて乗り込む京義線　駅駅過ぎて大同江　渡ればかなたは

平壌府

27 定州宣川《せんせん》新義州　前は岸打つ波高き　満韓境の鴨緑江　アリナレ川はこれかとよ

34 百万斤の石炭を　日ごとに掘りて出すと聞く　撫順《ぶじゅん》炭鉱右に見て　今ぞ着きぬる奉天府

51 進みも早く行く汽車の　窓より左にながめやる　風景佳絶の和尚島　貿易繁華の大連湾

55 乃木将軍が苦戦せし　名誉の陸はここなるぞ　広瀬中佐が戦死せし　名誉の海はここなるぞ

60 ああ清国も韓国も　共に親しき隣国ぞ　互いに近く行きかいて　研《みが》かん問題数多し

大和田建樹（おおわだ・たけき）
安政4（1857）年、現在の愛媛県宇和島市出身。藩校・明倫館で漢文を習い、和歌・俳句を独習した。明治19（1886）年、東京高等師範学校（現・筑波大）教授に就任。国文学者として活躍する一方、多くの歌の作詞を行った。主な作品は『鉄道唱歌』『満韓鉄道唱歌』のほかに『四条畷』『故郷の空』など。明治43（1910）年、53歳で死去。

「満州生まれ」とは知らない『ペチカ』

『待ちぼうけ』と『ペチカ』。100年近い長い間、幅広い世代に愛唱されてきた名曲だ。ともに、北原白秋が作詞し、山田耕筰が曲を書いた。

現在の小学校音楽教科書の扱いを見てみよう。かつて、教科書から消えていた時期もあったが、今では教育出版が2曲ともを、教育芸術社は『待ちぼうけ』を、いずれも小学5年生用に掲載している。

日本人には、なじみがない『ペチカ』について「ロシア風だんろ」と注釈や挿絵をつけたり（教育出版）、『待ちぼうけ』が中国の昔話をもとにした絵付き解説（教育芸術社）を載せる工夫も見られる。

ただし、この2つの名曲のルーツが満州（現・中国東北部）にあることには触れられていない。

満州の寒い冬とポカポカと暖かい室内を対比させる『ペチカ』。2番の歌詞にある「くりやくりや」は、冬の名物・焼栗売りのことだ。ただ、残念ながら現在の教科書では、5

番である歌詞のうち、1番のみの掲載である。
大正12（1923）年に作られた2つの歌は、翌13年8月発行の『満洲唱歌集』尋常科第一・二学年用に収録された。

山田耕筰（左）と北原白秋（右）

発行元は、当時日本の満州経営の中核だった満鉄と日本の租借地・関東州（大連、旅順など）の統治機関・関東庁が共同で設置した南満洲教育会教科書編集部。現地に住む日本人の子供たちのために教科書や教材を発行していた組織である。

『鉄道唱歌』の項で触れたように、日露戦争（1904～05年）に勝利した日本が権益を獲得した満州（関東州を含む）には大陸ブームに乗って多くの日本人が渡り住み、終戦時には約155万人（軍人・軍属を除く）になっていた。

教科書編集部の教育者たちは、内地（日本）とはまったく違う自然風景や文化・風習を持つ満州で、生まれ育った子供たちのためにオリジナルの教材をつくることを思いつく。見たこともない光景や動植物、行事を題材にした内地の歌を習っても意味が分からないし楽しめないからだ。『待ちぼうけ』『ペチカ』が収録された唱歌集は、こうした方針の下で最初にできた「満州唱歌」集であり、音楽教科書だったのである（※第5章に詳述）。

2つの歌は白秋が大正14（1925）年に出した、絵入り童謡集『子供の村』に掲載され、早速、日本でも紹介された。白秋の「あとがき」や注釈には、これらの歌を、南満洲教育会の依頼で作ったことが記されている。

『子供の村』には、白秋・耕筰コンビによる、もうひとつの満州唱歌『やなぎのわた』（♪やなぎのわたの飛ぶころは）も掲載された。奉天（現・中国瀋陽）の街を舞台に、春の風物詩である柳《りゅう》（楊）絮《じょ》（綿毛がついた柳の種が飛ぶ様子）を歌っている。

この歌は、大正15（1926）年3月発行の『満洲唱歌集』尋常科第三・四学年用に『やなぎの春』とタイトルを変えて収録された。それは『やなぎのわた』という別の曲（作詞者不詳、梁田《やなだ》貞作曲　♪あおぞらとぶよ　ふわふわわたが）がすでに『待ちぼうけ』などと同じ第一・二学年用にあったからであろう。

白秋と耕筰は、童謡運動の中心だった児童雑誌『赤い鳥』の主宰者、鈴木三重吉の紹介で出会い、大正11（1922）年には共同で、月刊芸術誌『詩と音楽』を刊行。コンビで『からたちの花』『この道』など多くの日本の歌を世に送り出していく。

満州唱歌の依頼にあたっては、耕筰と東京音楽学校の同窓で、当時、南満洲教育会に在籍していた作曲家の園山民平《そのやまみんぺい》らが尽力したのだろう。

戦後、園山の著作に寄せた一文で耕筰は、『待ちぼうけ』などの歌に関わる2人の思い出を語り「満州」が存在しなくなった今も愛唱されていることを喜んだ。園山は後に『わたしたち』など代表的な満州唱歌をいくつも作ることになる。

ただ、昭和5（1930）年に満鉄の招きで満州を訪問する白秋だが、一連の歌をつくったときはまだ現地を見たことがなかった。どうやって満州の風物を織り込んだ詩を書いたのだろうか。

耕筰の養女、山田浩子・日本楽劇協会理事長は晩年の耕筰から、こんな話を聞いたことがある。「（耕筰は）実際にペチカを見たことがありましたから、『本当の発音はペィチカなんだよ』などと（白秋に）いくつかのアドバイスをした。2人はとてもウマが合ったようです」。耕筰は、ドイツ留学（明治43年から4年弱）の際に、ロシアも満州も経由していたのである。

白秋は昭和17（1942）年、満州旅行で作った詩をまとめた少国民詩集『満洲地図』を出版したとき、例外的に『待ちぼうけ』と『ペチカ』の2つも収録している。白秋はその理由について〈普《あまね》く人口に膾炙《かいしや》し、すでに日満の少年のものになっているからだ〉と書いた。自身にとっても忘れられない特別な歌だったのだろう。

『待ちぼうけ』

1　待ちぼうけ　待ちぼうけ　ある日せっせと野良かせぎ　そこへ兎が飛んで出て　ころりころげた木の根っこ

2　待ちぼうけ　待ちぼうけ　しめたこれから寝て待とうか　待てば獲ものは駆けてくる　兎ぶつかれ木の根っこ

3　待ちぼうけ　待ちぼうけ　昨日鍬《くわ》とり畑仕事　今日は頬づえ日向ぼこ　うまいきりかぶ木の根っこ

4　待ちぼうけ　待ちぼうけ　今日は今日はで待ちぼうけ　明日は明日はで森の外　兎待ち待ち木の根っこ

5　待ちぼうけ　待ちぼうけ　もとは涼しいきび畑　今は荒野のほうき草　寒い北風木

の根っこ

『ペチカ』

1　雪の降る夜はたのしいペチカ　ペチカ燃えろよお話ししましょ　むかしむかしよ燃えろよペチカ

2　雪の降る夜はたのしいペチカ　ペチカ燃えろよ表は寒い　くりやくりやと　呼びますペチカ

3　雪の降る夜はたのしいペチカ　ペチカ燃えろよじき春来ます　いまにやなぎも　萌えましょペチカ

4　雪の降る夜はたのしいペチカ　ペチカ燃えろよ誰だか来ます　お客さまでしょ　うれしいペチカ

5　雪の降る夜はたのしいペチカ　ペチカ燃えろよお話ししましょ　火の粉ぱちぱちはねろよペチカ

山田耕筰（やまだ・こうさく）
明治19（1886）年、東京生まれ。東京音楽学校（現・東京藝大）からドイツへ留学。作曲家として、多くのオペラ、交響曲、歌曲、童謡などを作曲した。他の主な作品に『赤とんぼ』、オペラ『黒船』など。昭和40（1965）年、79歳で死去。

北原白秋（きたはら・はくしゅう）
明治18（1885）年、福岡県出身。早稲田大学英文科に学ぶ。詩、童謡、新民謡などで多くの名作を残した。他の主な作品に『城ヶ島の雨』、『砂山』、交声曲『海道東征』など。
昭和17（1942）年、57歳で死去。

「姐《ねえ》や」が差別語？・『赤とんぼ』

約9万3千人の在日コリアン、日本人配偶者・子が参加した北朝鮮への帰国事業の第1船が、新潟港を出発してから令和元（2019）年12月で60年になった。「地上の楽園」「教育費も医療費も全部タダ」などという、デタラメの宣伝文句を信じて海を渡った人を待っていたのは真逆の〝地獄〟だった。

独裁者一族による圧政下で監視・密告におびえる日々。ひどい食料・物不足に苦しみ、日本からの帰国者というだけで差別された。デッチ上げの罪を着せられて政治犯収容所へ送られた人も数え切れない。

第1船から40年近くたった平成9（1997）年、日本人妻の里帰りが初めて実現し、15人が故郷の土を踏む。その歓迎会で彼女ら全員が手をつなぎ、懐かしさいっぱいに歌った童謡のひとつが『赤とんぼ』（三木露風作詞、山田耕筰作曲）だった。

北朝鮮で日本語を使うことはできない。窓を閉め切った部屋で、ひそかに日本人妻だけが集まって和食をつくり、日本語で語り合い、日本の歌を小さな声で合唱する。苦しい日々の生活の中で、それが、日本人妻たちの、せめてもの楽しみだったのである。

新型コロナ禍で延期され、令和3（2021）年に開催予定となった東京五輪に向けて北朝鮮側の応援団に参加する形で、帰国事業参加者の里帰りが検討されていると聞く。また故郷の地で歌う彼女たちの『赤とんぼ』をぜひ聞きたいものだ。

『赤とんぼ』は、あまたある童謡の中で飛び切り人気が高い。幼き日の、ちょっぴり切なくて甘酸っぱい思い出。その背景に浮かぶ、日本の里の風景。哀愁たっぷりのメロディー……おそらく、日本人なら誰でもが口ずさめる歌のひとつ。皆それぞれが、懐かしい母や故郷への思いを歌詞に重ねて胸を熱くする。

現在の音楽教科書の扱いを見てみたい。『赤とんぼ』は、文部科学省の学習指導要領が定める歌唱共通教材（授業で扱う歌）としては、中学校の7曲のひとつだが、小学校の音楽教科書でも2社（教育芸術社、教育出版）ともが5年生用に掲載している。

ちなみに、昭和33（1958）年、文部省（当時）が初めて、小学校の歌唱共通教材を定めたとき、4年生用として指定されたのは同名の別曲・文部省唱歌の『赤とんぼ』（♪秋の水、澄みきった流れの上を赤とんぼ）だ。その後しばらく、こちらの歌が教科書に掲載されていた。

露風・耕筰の『赤とんぼ』に話を戻そう。現在の教科書では、1～4番の歌詞がフルに掲載されている。以前は、そうではなかった。終戦後の昭和22（1947）年、GHQの方針を受けて、文部省が内容を一新してつくった音楽教科書の5年生用（『五年生の音楽』）に収録されたときに〈十五で姐《ねえ》やは嫁に行き〉の3番が丸々カットされている。

戦後の新しい民法で、女性の結婚が認められるのは「16歳から」となったのに15で嫁に行くのはおかしい、「姐や」という言葉もよくないと問題視する向きがあったという話がある。そうならば〝石頭《いしあたま》〟にもほどがある。

『赤とんぼ』の歌詞は、露風が幼き日の思い出を故郷・龍野《たつの》（当時）の光景に重ねてつづったものだ。

親との縁が薄かった（※幼時に両親が離婚）露風は、去っていった母への思慕を募らせる。母親代わりに世話をしてくれたのが子守の少女だった。彼女に背負われながら見た、夕焼けをバックに飛ぶ赤とんぼの姿。やがて子守の少女が故郷へ帰ったことを聞く。嫁に行ったという。

長じて北海道へ行った露風は、秋の日の夕暮れ、竿《さお》の先にとまっている赤とんぼの姿を見て幼き日を思い出す。『赤蜻蛉《とんぼ》』は大正10（1921）年、雑誌『樫の實《み》』に発表された（※歌詞は現在と一部異なる）。2番の歌詞に出てくる「山の畑」は露風の実家近くにあった畑をイメージしている。

歌詞を勝手にカットすると、露風の思いも物語も断ち切られてしまう。

東京音楽学校からドイツへ留学した山田耕筰が日本の歌曲や童謡をつくることになったのは、主に2人の詩人との出会いが大きい。先に露風、続いて『この道』『待ちぼうけ』

などでコンビを組んだ北原白秋である。

「白露時代」と呼ばれるほど一時代を築き、詩壇の頂点にいた2人の詩人は性格も作風も違う。

耕筰は「白秋と露風のこと」（昭和32年『音楽の友』）と題した文で2人のことを書き残している。

〈（ドイツ留学中）日本の作曲家として、日本の歌曲を生みたいという意欲は決して私の胸から消えてはいなかった（略）私は露風の詩集「廃園」を見出《みいだ》したのである。私ははじめて、詩としての価値ある日本の詩にぶつかった（略）露風の詩に酔っては次々と作曲した〉。大正8（1919）年、耕筰は大阪の三木楽器（開成館）から最初の歌曲集『山田耕作歌曲集露風之巻』を出している。

一方の白秋のくだりはこうだ。〈1920（大正9）年、北米から帰朝して私は新しい詩友を得た。それが、北原白秋である。私は白秋の詩から露風の詩とは全く違った感激を覚えた（略）白秋の詩は極めて郷土的である〉。そして、2人との出会いによって、日本の芸術歌曲（リート）が誕生したのだ、と。

平成の時代になって韓国の研究者が、露風・耕筰によるいくつかの歌を「日本統治時代

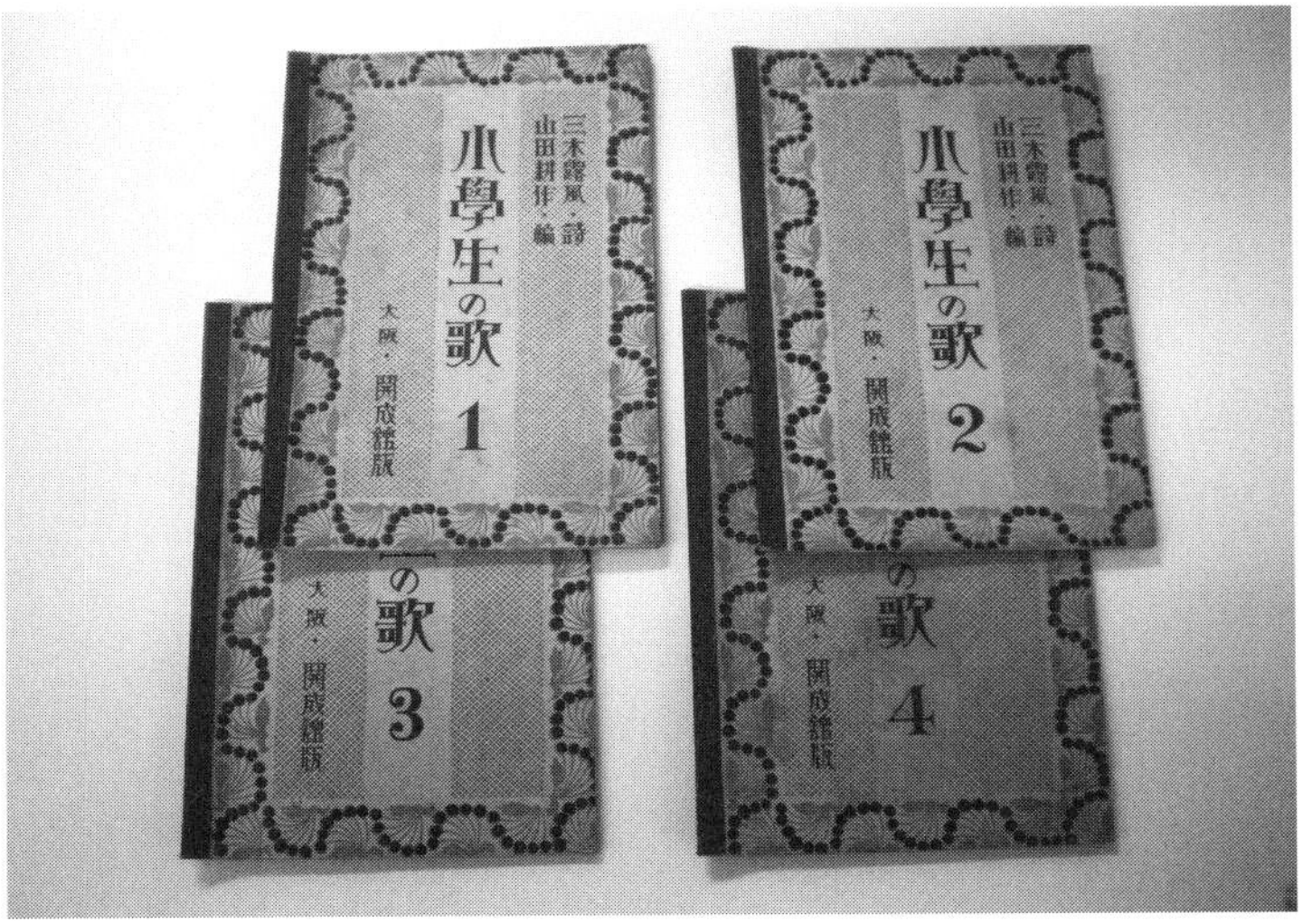

三木露風作詞・山田耕筰作曲による唱歌集『小学生の歌』１～４巻（三木楽器提供）

の朝鮮オリジナルの歌ではないか?」と提起したことがあった（※第4章に詳述）。昭和7（1932）年、京城師範学校の音楽教育研究会編纂の『初等唱歌』第三学年用に収録された『五月雨』『水車』などである。

残念ながらこれらは、朝鮮オリジナルではなく、大正12（1923）年にやはり、開成館から発行された唱歌集『小学生の歌』に掲載された歌だった。露風・耕筰が、この歌集のためにつくったもので、主に大阪周辺の小学校でしか使われなかったため、作詞者の露風全集には収録されているもののあまり知られていなかったらしい。残っていた楽譜をもとに、それらの歌の再現コンサートを平成23（2011）年に産経新聞社後援で行ったことがある。詩も曲も90年近くたったとは思えない瑞々《みずみず》しい名曲であった。

『赤とんぼ』

1　夕やけ小やけの赤とんぼ　負われて見たのはいつの日か
2　山の畑の桑の実を　小籠に摘んだはまぼろしか
3　十五で姐やは嫁に行き　お里のたよりも絶えはてた
4　夕やけ小やけの赤とんぼ　とまっているよ竿の先

三木露風（みき・ろふう）
明治22（1889）年、現在の兵庫県たつの市出身。早稲田大、慶應義塾大学で学ぶ。主な詩集に『廃園』『白き手の猟人』など。童謡の作詞も多い。昭和39（1964）年、75歳で死去。

母を想う『この道』と『からたちの花』

詩人の北原白秋は、大正14（1925）年8月、鉄道省（当時）主催の樺太観光団に加わり、高麗丸《こま》で横浜港から出航した。

旅行は約1カ月間に及び、（南）樺太ではソ連（当時）との国境線（北緯50度線）近くの安別から真岡《まおか》、豊原、大泊《おおどまり》。海豹島《かいひょう》ではオットセイのハーレムも見学した。さらに、オホーツク海を南下して北海道へ渡り、島内を周遊する。

名曲『この道』の詩は、このときの北海道で着想を得たとされている。南国・九州育ちの白秋に北の大地は新鮮に映っただろう。歌詞には「あかしやの花」「（札幌の）白い時計台」「さんざし（山査子）」などが盛り込まれている。

『この道』は、「母を想《おも》う」歌にもなった。

耕筰は、白秋から渡された詩を見て、18歳のときに亡くした母に想いを寄せる。〈世の誰よりも母に愛され、世の誰よりも母を思う心切《こころせつ》である。『この道』を手にした私は、いとけなかりし日を思い、あたたかい母の手にひかれて、そぞろ歩きした道を偲《しの》び、ありし

日のあわい追憶に耽《ふけ》らずにはおられなかった〉（作品解説、日本交響楽協会出版部）

同じ耕筰の文によれば、白秋は、この詩を渡すとき〈これは『からたちの花』の妹です。『からたちの花』にもました美しい綾衣《あやごろも》を織り与えてください〉と願いを伝えたという。『からたちの花』も白秋・耕筰による名曲だ。耕筰は白秋の思いに、工員として働きながら寄宿生活を送った自身の少年時代の思い出を重ねて美しいメロディーを紡ぎ出す。耕筰の作品解説を見てみよう。

〈私のいた工場は、広い畑の中に建てられていました（略）その一隅は、からたちで囲まれていました。働きのわずかなひまを盗んで、私はどれほどこのからたちの垣根へと走ったことでしょう（略）あの白い花　青いとげ　黄金の果実（略）いま私は白秋氏の詩のうちに、私の幼時を見つめ、その凝視の底から、この一曲を唱《うた》い出たのであります〉（セノオ音楽出版社）

2人の思いを乗せて名曲に仕上げられた『この道』『からたちの花』、そして先に取り上げた『赤とんぼ』は、昭和2（1927）年発行の『山田耕作童謡百曲集』（日本交響楽協会出版部）に収められた。

ともに酒好きで、「夫婦のよう」というほど息が合った白秋・耕筰は、コンビで多くの学校の校歌も作っている。同志社、関西学院《かんせいがくいん》などの大学から小学校まで。内地だけでなく、満州や台湾の学校まで、範囲も広い。

耕筰の養女、山田浩子・日本楽劇協会理事長によれば「（耕筰は）校歌をつくることをとても楽しんでいた。土地の自然や校風が織り込まれる校歌は『民謡と同じなんだよ』と話していた」という。

樺太にあった豊原尋常高等小学校校歌は昭和11（1936）年の作だ。歌詞で白秋は、大正14年の樺太旅行で見聞した北の島の風土とともに、「誰か拓《ひら》きし」「雪に冴《さ》えたつ父祖の嶋《しま》」と、日本人の先人の思いを織り込んだ。

（南）樺太は、日露戦争に勝利した日本がロシアから獲得した〝魚の尾〟のような細長い島。白秋がつづったようにロシアが流刑地としか見ていなかった酷寒の地を開拓し、鉄道や道路を敷設して、炭鉱や水産加工業を興し、学校や住宅を建てたのは日本人である。

終戦前の日本人人口は40万人強。中立条約を一方的に破って侵攻してきたソ連軍は、昭和20（1945）年8月15日を過ぎても戦闘行為を止めず、激しい地上戦によって多くの日本人が犠牲になったことは、ほとんど知られていない。終戦後はソ連軍政下で、厳しい監視・密告におびえる生活を余儀なくされた。あの北朝鮮の日本人妻と同じである。

昭和16（1941）年に同小に入学した（※同年から国民学校に名称変更）小林恒夫は「校歌は、入学式や卒業式に歌ったと思います。5年生以降は、ソ連の軍政下になり、こうした行事もなくなってしまいました」と振り返る。

白秋は、昭和9（1934）年には台湾を訪問、1カ月以上かけて全島を一周する。49歳の白秋は台湾を「華麗島」と呼び、かねて訪問を熱望していたらしい。台北に着いたときに報道陣から印象を聞かれた白秋は「九州ですよ」と答えている。故郷と同じ南国の親しみがあったのかもしれない。

白秋は旅行に招いた台湾総督府文教局の依頼で、いくつかの詩を書く。後に台湾の日本人少年のテーマソング的な存在となった『台湾少年行進歌』や『台湾青年の歌』（ともに作曲は山田耕筰）などである。

先住民が多い南部の三（山）地門郷も訪問し、童謡『サンテイモン』をつくった。南国のヤシ科植物・ビンロウなどを盛り込んだ詩はその年の12月に発行された児童雑誌『コドモノクニ』に掲載。その詩に『春よこい』などで知られる弘田龍太郎（1892～1952年）が曲をつけ、台湾語にも翻訳される。

台湾総督府は、満州や日本統治下の朝鮮と同じく、独自の唱歌集を作成している。満州と違うのは、台湾人児童向け（満州は主に日本人向け）だったことだ。歌詞には、台湾の自然や動植物、名所旧跡、歴史上の偉人が盛り込まれ、台湾人児童に愛された（※第4章に詳述）。

第2期の『公学校唱歌』（台湾総督府発行、昭和9～10年）第四学年用には、白秋が詩を書いた『南の風（原題の詩は「南の風に」）』が収録されている。作曲は『揺籃《ゆりかご》のうた』『夕やけこやけ』の草川信だ。

歌詞に柑橘《かんきつ》類の「朱欒《ざぼん》」が出てくる。白秋は、母の郷里である熊本の朱欒を書いたというが、台湾の子供たちは、地元の朱欒と思って愛唱した。同じ南国の九州と台湾には相通じる景色と思いがあったのだろう。

『この道』

1　この道は　いつか来た道　ああ　そうだよ　あかしやの花がさいてる
2　あのおかは　いつか見たおか　ああ　そうだよ　ほら　白い時計台だよ
3　この道は　いつか来た道　ああ　そうだよ　お母さまと馬車で行ったよ
4　あの雲も　いつか見た雲　ああ　そうだよ　さんざしの枝もたれてる

『からたちの花』

1　からたちの花が咲いたよ　白い白い　花が咲いたよ

2　からたちのとげはいたいよ　青い青い　針のとげだよ

3　からたちは畑の垣根よ　いつもいつも　とおる道だよ

4　からたちも秋はみのるよ　まろいまろい　金のたまだよ

5　からたちのそばで泣いたよ　みんなみんな　やさしかったよ

6　からたちの花が咲いたよ　白い白い　花が咲いたよ

日本人の美意識に刺さった『荒城の月』

昭和25（1950）年を最後に廃止された旧制高校は全国に38校（外地、帝大予科を含む）しかなかった。同世代の1％以下という極めつきのエリート。自治・自由を掲げた寮生活、教養主義のカリキュラム、やがて国家を背負って立つ矜持《きょうじ》と責任を育む、全人格教育が行われた。

その精神をうたったのが、学生自身が作り、高唱した「寮歌」である。100年以上の歴史を持ち、『嗚呼《ああ》玉杯《ぎょくはい》に花うけて』(一高・東京)『紅《くれない》萌《も》ゆる』(三高・京都)『都《みやこ》ぞ弥生《やよい》』(北大予科)などが有名だ。

ところが、二高(仙台)だけは、現在も開催されている各種の寮歌祭で、寮歌ではなく「校歌」を必ず歌う。通称は、『天《そら》は東北―山高く』。明治38(1905)年の制定だ。作詞は詩人・英文学者で、同校OB、母校の教授も務めた土井晩翠である(作曲は楠美恩三郎)。

♪天は東北山高く(1番)で始まる校歌は、2番に♪花より花に蜜を吸ふ　蜂《はち》のいそしみわが励み～と歌う。「蜂」は同校のシンボル。校章・校旗にも描かれている。

二高が校歌を大事にするのは、格調高く勇壮に「東北」などへの思いを歌い上げた晩翠の詞だけが理由ではない。二高から東大を経て、産経新聞社へ入り、モスクワ特派員を務めた澤英武《さわひでたけ》が言う。「詞の内容の良さはもちろん、皆が歌いたがるという点で一番だった。多くの寮歌よりも先に成立したこともあり、他校がどうであれ、二高は『校歌』でしたね」

詩人として名を上げつつ晩翠は、定年退官まで二高教授を務めた(その後、名誉教授、講師)。ただし、その英語の発音は〝ズーズー弁なまり〟。そこだけは「まねしちゃいけない」と語り継がれたという。

♪春高楼《こうろう》の花の宴（略）昔の光いまいずこ――。かつて繁栄を誇った城のにぎわいも今や、見る影もなく寂《さび》れてしまった。

名曲『荒城《こうじょう》の月』は、晩翠の詞に、早熟の天才、滝廉太郎が曲をつけた。明治34（1901）年、全国の中学（旧制）で行う唱歌の教科書用に東京音楽学校が編纂した『中学唱歌』に収録されている（※『中学唱歌』掲載時の題名は『荒城月』）。栄枯盛衰や「もののあはれ」を偲ばせる晩翠の詞と、滝の哀愁を帯びたメロディー。この歌は、日本人の美意識や心情にずばり刺さる〝ど真ん中のストライク〟なのだろう。

『中学唱歌』の編纂作業はまず著名な文学者、教育者、詩人に詞を書いてもらうことから始まった。『夏は来ぬ』の佐佐木信綱や『鉄道唱歌』の大和田建樹らそうそうたる顔ぶれが詞をつくっている。

晩翠は『荒城月』の詞を明治31（1898）年ごろに書いた。男性的な漢詩調で注目を集め、明治32（1899）年には第一詩集『天地有情《うじょう》』を出し、島崎藤村《とうそん》と並んで「藤晩時代」と称される。二高教授就任が明治33（1900）年。『中学唱歌』が刊行された翌34年には約4年間のヨーロッパ遊学へ向かう。まさに上り坂の時期にあった。

滝廉太郎居住地跡の碑。『花』『荒城の月』などがここで作られたとある＝東京都千代田区

一方の滝も、東京音楽学校の本科から研究科へ進学。学生であると同時にピアノ授業も受け持ち、ドイツ留学も決まっていた同校〝希望の星〟である。

『中学唱歌』向けに集まった詞につける曲は音楽学校の教員や学生などに懸賞金付き（1曲5円）で募集され、滝は応募条件（3曲まで）いっぱいの『荒城月』『箱根八里』『豊太閤《ほうたいこう》』を選んで作曲し、すべてが採用された。

前年（明治33年）には、名曲『花』（♪春のうららの隅田川）を収録した組歌「四季」を作曲。短い滝の生涯で、最も輝きを放った時期と言っていい。つまり、2人の絶頂期につくられたのが『荒城の月』であった。

滝が作曲した名曲の数々は、現在の音楽教科書でどう扱われているのか。『荒城の月』は、文部科学省の学習指導要領が定める歌唱共通教材で、中学校の7曲のうちの1つに指定され、小学校教科書では、6年生用の『音楽のおくりもの6』(教育出版)が掲載している。『箱根八里』は、やはり6年生用に2社(教育出版、教育芸術社)ともが、教育芸術社の『小学生の音楽6』は『花』も収録していた。

ただし、『荒城の月』の歌詞は4番まであるうちの2番までの掲載だ。さらには「山田耕筰編曲」の注釈があり、滝の原曲とは、音高やリズムに違いがあることが添えられている。

滝の原曲は、旋律(メロディー)だけで、伴奏譜がなかった。このため、東京音楽学校の後輩で、同じくドイツに留学した耕筰が大正期に、ピアノによる伴奏譜をつけたが、音高やリズムにまで、手を加えたことには異論もあった。

教科書掲載はこれだけではない。『中学唱歌』と同じ明治34年に刊行された『幼稚園唱歌』は、音楽学校の先輩、東くめと、その夫で、東京女子高等師範学校(現・お茶の水女子大学)

教授・付属幼稚園長だった東基吉に滝らが協力してつくられた。

そこに収録された『お正月』は、現在の音楽教科書でも、小学1年生用に2社ともが掲載している。『幼稚園唱歌』は他に『鳩ぽっぽ』『雪やこんこん』など収録曲の多くを滝が作曲。4曲については作詞も行った。

『荒城の月』の詞について晩翠は、戊辰戦争で官軍に落城させられた会津の鶴ケ城や出身地・仙台の青葉城などから着想を得たという。滝は、少年時代を過ごした竹田の岡城から、とされた。今は、いずれの地にも『荒城の月』の碑が建てられている。

この2人は明治35（1902）年8月、生涯に一度だけ会っている。ヨーロッパ遊学中の晩翠は、病気でドイツ留学から帰国を余儀なくされた失意の滝を、英ロンドン郊外に停泊中の若狭丸に訪ねた。対照的な立場に置かれた2人の邂逅《かいこう》も「もののあはれ」でなかったか。

土井晩翠（どい＝つちい＝・ばんすい＝本名・林吉）
明治4（1871）年、仙台市生まれ。後の旧制二高（仙台）から東京帝大卒。明治32（1899）年、第一詩集『天地有情』で注目を集める。明治33（1900）年、二高教授。昭和9（1934）

年、定年退官。昭和25（1950）年、文化勲章受章。昭和27（1952）年、80歳で死去。

滝廉太郎（たき・れんたろう）

明治12（1879）年、東京生まれ。少年期に大分県の竹田へ移り、明治27（1894）年、東京音楽学校へ入学。明治34（1901）年、ドイツへ留学するも、病気のため、翌35年帰国。明治36（1903）年、23歳で死去。主な作品に『花』『荒城の月』『箱根八里』『お正月』など。

里心《さとごころ》を理由に戦時は外された『故郷』

令和2（2020）年の現在から22年前の長野冬季五輪（平成10＝1998年）。その閉会式のセレモニーで取り上げられたのは文部省唱歌の『故郷（ふるさと）』だった。歌手の杏《あん》里《り》が歌い、児童合唱団が続ける。そして、5万個のちょうちんがともされ、5万人の大合唱が会場に響きわたった。

この歌が選ばれたのは、作詞の高野辰之（作曲は岡野貞一）が地元・長野出身だったこと。

唱歌・童謡のアンケートで、必ずトップ争いをする「日本人の心のふるさと」というべき名曲であること。さらには、「地球は世界のふるさと」であるというメッセージが五輪のフィナーレを飾るのに、ふさわしいと考えられたからであろう。

『故郷』の初出は大正3（1914）年、文部省の『尋常小学唱歌』第六学年用である。収録19曲のうち、現在まで残っているのは、他に『朧（おぼろ）月夜』『我（われ）は海の子』＝いずれも文部省唱歌＝くらい。いずれも「戦争」を乗り越え、100年以上にわたって歌い継がれる名曲となった。

本書の最初に、戦前から戦争期を経て戦後も生き残った歌の条件は、「戦争に関係がなく」「良い歌であること」と書いた。

大正5（1916）年、教師向けに発行された『尋常小学唱歌新教授精説』（東京宝文館）の『故郷』の項にこうある。〈他教科（※修身、国語など）にも季節にも関係のない教材である〉とした上で、小学6年を終えようとしている児童には、他郷で学ぶ決心をしていたり、実業（商工業など）に就く計画がある者もいるだろう――と指摘。その折に故郷や父母を想う歌なのだとした。

当時の社会や教育環境がうかがえる記述だ。現代では『故郷』を大人向けの歌とする向きが多いが、当初は「子供の歌」でもあったということが分かる。

ところが、戦時下に皇民化教育が強化され、小学校→国民学校となり、唱歌→芸能科音楽と名称が変わった時期に一新された音楽教科書で、6年生用の『初等科音楽四』(昭和17年)から『故郷』は消えた。

『朧月夜』や『われは海の子』が残ったのに『故郷』が外されたのは、この歌があまりに心に響き、ノスタルジックな感情をかき立てることが戦意高揚には「マイナスになる」と判断されたことが理由らしい。

終戦後、GHQの方針を受けて、軍国主義や神道などに関わる歌が排除されたり、『われは海の子』などの歌詞が削られたりしたときも、ベースとなる教科書は『初等科音楽』だったので『故郷』は載っていない。復活したのは、昭和22(1947)年に文部省が内容を一新して編纂した『六年生の音楽』である。逆に『われは海の子』は、ここで一旦、消えた。

一方、『故郷』と同じ、高野作詞、岡野作曲による『朧月夜』は『尋常小学唱歌』(大正3年)の初出以来、現在に至るまで、官民問わず、ほぼ一貫して教科書に掲載されている。『尋常小学唱歌』→『新訂尋常小学唱歌』(昭和7年)、『故郷』が消えた戦時下の『初等科音楽』でも生き残る。さらに、終戦後のＧＨＱ主導の墨塗り教科書→暫定教科書（昭和21年）の時期も外されなかった。

昭和22年の『六年生の音楽』→民間の検定教科書時代に入っても掲載され続け、現在も、小学6年生用の音楽教科書を発行する2社ともに収録している。

やはり高野作詞、岡野作曲の『春の小川』なども同様のケースだが、こちらが歌詞を削ったり、改変されたのに対し、『朧月夜』は歌詞にも手を加えられていない（※現行教科書では題名を『おぼろ月夜』とし、〈里わの火影《ほかげ》＝村のあたりの明かり〉など難解な言葉には注釈がある）。

郷里・長野の里山の光景を歌ったとされる高野の詞は文語調だが、まるで日本画を見ているような光景が浮かぶ。『故郷』と同じ4分の3拍子で刻む岡野の美しいメロディー。２つの歌は文部省唱歌を代表する名曲と言えるだろう。

小学校の学年別「歌唱共通教材」

太字は高野辰之作詞・岡野貞一作曲の歌

1年	『うみ』『かたつむり』**『日のまる』**『ひらいたひらいた』
2年	『かくれんぼ』**『春がきた』**『虫のこえ』『夕やけこやけ』
3年	『うさぎ』『茶つみ』**『春の小川』**『ふじ山』
4年	『さくらさくら』『とんび』『まきばの朝』**『もみじ』**
5年	『こいのぼり』『子もり歌』『スキーの歌』『冬げしき』
6年	『越天楽今様《えてんらくいまよう》』**『おぼろ月夜』『ふるさと』**『われは海の子』

現在の小学校音楽の歌唱共通教材を見れば、これらの歌以外にも、高野、岡野の2人がつくった名曲（いずれも文部省唱歌）が、学年ごとに並んでいる。

『春が来た』は、明治43（1910）年の文部省発行の『尋常小学読本唱歌』に初めて収録。『日の丸の旗（ひのまるのはた）』（現・『日のまる』）は明治44（1911）年の『尋常小学唱歌』第一学年用に、『紅葉（もみじ）』は同第二学年用に、それぞれ掲載。前述の『春の小川』は同第四学年用に初めて掲載された。

『尋常小学唱歌』（明治44年～大正3年）が編纂されたとき、高野は歌詞の委員、岡野は楽曲の委員だった。前年の『尋常小学読本唱歌』から引き継いだ歌を除き、新作としたため、歌詞の委員には他に、吉丸一昌《かずまさ》ら。楽曲の委員は他に、東京音楽学校教員で、『尋常小学読本唱歌』以来の上真行、小山作之助らである。

歌の制作は、各々《おのおの》が担当する詞・曲を持ち寄った上で、最終的に合議で決定されたという。著作権は文部省に帰属する形で、個人名は出さない、ということとなった。さまざまな史料によって、可能性が濃厚な作者の特定が進むのは戦後もかなりたってからだ。

これら名曲が次の100年先も歌い継がれるよう、教科書に掲載され続けることを願いたい。

『故郷（ふるさと）』

1　うさぎ追いしかの山　小ぶな釣りしかの川　夢は今もめぐりて　忘れがたきふるさと

2　いかにいます父母《ちちはは》　つつがなしや友がき　雨に風につけても　思いいずるふるさと

3　こころざしをはたして　いつの日にか帰らん　山はあおきふるさと　水は清きふるさと

『朧（おぼろ）月夜』

1　菜の花畠に入り日薄れ　見わたす山の端《は》霞《かすみ》ふかし　春風そよふく空を見れば　夕月かかりてにおい淡《あわ》し

2　里わの火影も森の色も　田中の小路をたどる人も　蛙《かわず》のなくねもかねの音も　さながら霞める朧月夜

高野辰之（たかの・たつゆき）

明治9（1876）年、現在の長野県中野市出身。国語、国文学研究に功績を残し、童話作家としても活躍。東京音楽学校の教授を務めた。昭和22（1947）年、70歳で死去。

岡野貞一（おかの・ていいち）

明治11（1878）年、現在の鳥取市出身。東京音楽学校に入り、助教授、教授を歴任。他の主な歌に『桃太郎』『児島高徳』など。昭和16（1941）年、63歳で死去。

第4章

台湾人の心に響いた唱歌

独自の唱歌をつくった志と情熱

韓国の国立芸術大学である「韓国芸術総合学校音楽院」の音楽学科長、閔庚燦《ミンギョンチャン》は、東京藝大留学時から〝ある唱歌〟を探していた。日本が統治していた朝鮮（1910～45年）において「山田耕筰が作曲した唱歌があったのではないか？」と考えていたのである。

その「答え」は、旧朝鮮総督府図書館の蔵書を引き継いだ、韓国の国立中央図書館で見つかった。

昭和7（1932）年、京城（現・韓国ソウル）師範学校音楽教育研究会が編纂した『初等唱歌』第三学年用の中に耕筰が作曲者として掲載されていた、『五月雨《さみだれ》』『水車』『冬の朝』『けむり』『郵便函《ばこ》』の5つの唱歌（作詞はいずれも三木露風）を見つけたのである。

閔はいう。「日本ではほとんど知られていない唱歌だった。（日本統治時代の朝鮮では）独自の唱歌も多数作られたが、戦後、そのほとんどが忘れ去られてしまう。この唱歌集もほとんど残っていないだろうね」

ただし、この5つの唱歌は朝鮮独自のものではない。大正12（1923）年、開成館から出版された『小学生の歌』に掲載（※作詞者の露風全集にも収録）されている。ところが、耕筰の作品目録には一部の曲しか収録されず、耕筰の関係者ですら詳しくは知らなかった。耕筰の著作権を管理している日本楽劇協会の元理事で、かつて作品リストを作成した高澤智昌は「曲自体についてよく知らないし、朝鮮の唱歌集に収録されていた、という話も初めて聞いた。相当、突っ込んで調べたつもりだが、漏れていた作品があったのかもしれない」と首をかしげる。

5つの唱歌は人知れず、海を渡り、朝鮮に住む子供たちに愛唱されたのだろうか。当時の朝鮮では、閔がいうように「独自の唱歌」も多数作られていた。

大正14（1925）年、朝鮮総督府が発行した『普通学校（小学校）補充唱歌集』などにはこうした朝鮮独自の唱歌が数多く収録されている。朝鮮の歴史上の人物を歌った『成三問』や『昔脱解』、朝鮮の自然をテーマにした『白頭山』『金剛山』、都市を歌った『京城』……。独自の唱歌作成にあたっては朝鮮在住の子供たちを対象に歌詞の募集を行い、朝鮮語の唱歌（日本の唱歌の翻訳を含む）も作られた。

実は独自の唱歌が作られたのは朝鮮だけではない。同じように、終戦まで日本が統治した台湾や影響力があった満州でも独自の唱歌が作られ、当地の子供たちに愛されたのである。

なぜならば、自然環境や風俗がまるで違う外地（台湾や朝鮮）で、内地（日本）と同じ唱歌を歌っても、子供たちには分からないからだ。南国・台湾の子供たちは「雪」をまず見たことがないし、広大な荒野が続く満州では「田植え」もサラサラ流れる「小川」もない。現地生まれの子供たちにとって「イメージできない歌詞」を歌っても楽しいはずがなかろう。

こうして現地の自然や動植物、歴史や伝統風俗を織り込んだ独自の唱歌が作られることになった。推進したのは、高い志と情熱を持って新天地に渡った日本人の教育者や現場の教師たちである。

もちろん、植民地教育である以上、「同化」や「日本語教育」と唱歌教育が密接につながり、そのツール（道具）になっていたのは否定しない。だが、それだけだろうか？　子供たちを楽しませるため、感動を与えるために、独自の唱歌を作ってしまうほど、日本人の教師が子供たちの教育について考えていたのもまた、事実であった。

こんな証言がある。台湾の実業家、蔡焜燦《さいこんさん》（2017年、90歳で死去）は日本時代の教育を懐かしんで、当時、公学校（小学校）で歌われた唱歌などを収録した『綜合《そうごう》教育讀本《どくほん》』

を作った。蔡は司馬遼太郎の『街道をゆく　台湾紀行』（朝日文庫）にも〝老台北《ラオタイペイ》〟の愛称で登場する人物である。

「日本人の先生は台湾の子供たちから、とても尊敬されていた。〝分け隔て〟をしなかったし、授業以外でも自宅にまで生徒を呼んで熱心に教えてくれた。お金も取らずにね。（台湾独自の唱歌である）『六士（氏）先生』や『だいしゃ』などは今でも歌えますよ」

こうした台湾や朝鮮、満州で作られた独自の唱歌は、日本人教育者や現場の教師が作ったほか、当時、日本で活躍していた著名な作曲家、歌人にも依頼されている。

耕筰が北原白秋（作詞）とのコンビで、前にも触れた満州独自の唱歌『ペチカ』や『待ちぼうけ』（ともに大正13年発行の『満洲唱歌集』に収録）を作ったのはよく知られているが、これは、国策会社の南満洲鉄道（満鉄）などが出資し、当時、満州の教育行政を担っていた南満洲教育会教科書編集部の依頼で作ったものだ。

満州の唱歌は、信時潔《のぶときき よし》や野口雨情、島木赤彦、大和田愛羅など、そうそうたる顔ぶれが作っている。台湾でも同様だ。白秋が台湾の少数民族をテーマにした『サンテイモン』という歌を書いたほか、『カチューシャの唄』などで有名な作曲家の中山晋平は野口雨情（作詞）らと昭和２（１９２７）年、台湾を旅行し、現地の鳥を歌った『ペタコ』を作った。後に台湾のラジオでも放送され、大流行する曲である。

巨匠たちがこぞって外地の唱歌を書いていたことについて、音楽評論家の石田一志は「外地の教育にかける日本の意気込みが、それほどまでに増大していたのであろう。〝そういう時期〟だったのは間違いない」。

〝そういう時期〟には解説が必要だろう。朝鮮の「三・一運動」や中国での「五・四運動」(いずれも大正8＝1919年)などに代表される激しい反日、抗日の動きが一段落し、日本の植民地経営は安定した時期を迎えていた。日本の統治は「融和」を前面に出すようになり、現地の自然や風俗を取り入れた独自の唱歌を作る「余裕」もできたのである。

ただしこれは〝つかの間の太平〟であった。昭和12(1937)年、日中戦争の火ぶたが切られ、戦争が激しくなると、植民地教育も変貌を遂げてゆく。16年、小学校から国民学校への移行に伴って、各唱歌集は国威発揚や皇民化、軍国色が強い『ウタノホン』に代わり、台湾や朝鮮などでも順次、同様の教材が投入された。

そこには、独自の唱歌はほとんど見られず、民族色の強い歌は再び封印されてしまう。

戦後になると、これらの唱歌はなおさら遠ざけられた。韓国では、当時、植民地の教育や唱歌作りに関わった人たちが「親日派」として、いまなお糾弾されている。

巨匠たちが作った外地の唱歌も消えていく。『ペチカ』や『待ちぼうけ』が例外的に生き残ったのは後に、日本の教科書に掲載されたからだ。それも、満州唱歌がルーツであることを知る人は少ない。

日本人教育者の情熱によって生み出された外地の唱歌。それは当時、親しんだ、わずかな人たちによって歌い継がれるしかなかったのである。

「唱歌の父」が描いた教育の夢

「♪扶桑の空に高光る　わが日のみこのまつりごと」

〝老台北〟こと蔡焜燦は、いきなり歌い始めた。「覚えている唱歌はありませんか」と問うたときのことである。

この歌は、日本統治時代の台湾で作られた独自の唱歌『始政《しせい》記念日』だ。明治28（1895）年6月17日、日清戦争に勝利し、台湾の領有権を得た日本が、統治を始めた日のことを歌っている。以来、その日は祝日となり、蔡のような台湾の子供たちが通った公学校や、主に日本人子弟が通う小学校でも必ず、歌われた。いわゆる儀式唱歌のひとつである。

「（始政記念日の）年号や日にちまで言えますよ。日本人も台湾人もみんな、この日は学校へ行ってこの歌を歌ったものです」と、蔡は100年以上も前に作られた歌の一番の歌詞を最後まで歌い切ってみせた。

長く、大陸から〝化外の地〟とされてきた台湾に近代教育をもたらしたのは日本であった。そのリーダー役を務めたのが、台湾総督府の初代学務部長に就任した伊沢修二である。

信州・高遠《たかとお》（現・長野県伊那市）出身の伊沢は、明治新政府の官吏となり、アメリカへ留学、音楽教育の重要性を認識した。日本に戻り、東京師範学校校長や文部省音楽取調掛長に就いた伊沢は、アメリカから留学時代の師であるメーソンらを招いて、西洋音楽を柱とした音楽（唱歌）教育を日本に導入すべく奔走する。自らも作曲をして、『小学唱歌』集も編纂した。

ところが、政府幹部との対立などによって伊沢は道半ばで下野してしまう。そして伊沢は、「その夢」を新天地・台湾に託そうとしたのである。

「（伊沢は）日本の音楽教育の基礎をつくった人ですが、すんなり受け入れられたわけではなく、唱歌が必須科目になったのは、台湾の方が内地（日本）より早い。日本でできなかっ

かつての台湾総督府の建物は今も総統府として使われている

たことを台湾で、と考えていたのではないでしょうか」。日本時代の台湾の唱歌に詳しい奈良教育大学准教授の劉麟玉（音楽教育）はこう話す。

日本が最初に統治した台湾で伊沢が採った教育方針は「混和主義」というべきやり方であった。これは「我（日本）と彼（台湾）と混合融和して、知らず知らずの間に同一国に化していく」政策である。伊沢によれば、それが可能になる条件は、統治国と被統治国とが民族的に近いこと、言語に共通性があること、知徳に大きな差がないことであった。

〈伊沢の台湾人に関する観察には偏見や先入観もなく、率直で公平である。（略）台湾人は日本人に比較して、素質や能力、知徳の量についても劣っているとは思えない。ただ日本が維新以来近代化を進めてきたのに反して、台湾は日本の維新前のような状態にあるに過ぎない。台湾人の気性も日本人に似通っている。日本で行っているような教育が実施できない訳はない〉（篠原正巳著『芝山巖事件の真相』和鳴会）

混和主義の下で、伊沢がまず取り組んだのが国語（日本語）教育である。同時に、日本人への台湾語学習にも力を入れた。それこそが「融合」のために必要だったからであろう。明治28年6月18日。つまり「始政記念日」の翌日から伊沢率いる学務部は早速、始動している。そして、台北郊外の芝山巖《しざんがん》に、台湾人子弟を対象とした日本語学習のための学堂を開設、そこはやがて、国語伝習所、公学校へと発展していく。

だが、当時の台湾はまだ植民地支配に対する「抗日」の機運が強く、とりわけ、芝山巖周辺は武装ゲリラ「土匪《どひ》」が跳梁跋扈《ちょうりょうばっこ》する危険な土地であった。

果たして翌29（1896）年元日、伊沢が一時帰国している間に、日本人学務部員6人が土匪らによって惨殺されるというショッキングな事件が発生した。いわゆる「芝山巖事件」である。事件は後に台湾独自の唱歌『六士（氏）先生』に歌われた。

そのとき遭難したひとりに中島長吉がいた。東京府立師範学校を出て台湾総督府の学務部員となった中島は音楽に造詣が深く、事件のわずか10日前、伊沢に宛てた手紙で、台湾における音楽教育導入の重要性を訴えている。中島は音楽教育の効用を指摘し、日本に一時帰国した伊沢に対し、楽器を持ち帰ることまで依頼していた。

その手紙が伊沢の心を動かす。奈良教育大の劉は「伊沢は学務部長として、台湾の教育全体を決める立場にいたから当初は『唱歌教育よりも優先すべきことがある』と考えていました。（衝撃的な事件の犠牲になった）中島の進言が、唱歌教育を進める伊沢の背中を押すことになったのでしょう」。

芝山巌事件が起きた明治29年の9月に公布された台湾総督府国語学校規則によって、唱歌は国語学校（後の師範学校）の付属学校の習得科目とされた。2年後の明治31年には、内地の小学校に相当する公学校が各地に設置され、唱歌はここでも「必須科目」となった。すでに述べたように、これは日本の小学校（明治40年）よりも早い。

伊沢は明治30（1897）年5月、一時帰国中に行った講演で誇らしげに報告している。「唱歌というものは、非常に台湾の学生は好みます。しかも上手だ。概して言ってみれば、内地の学生よりも台湾の学生の方がはるかに唱歌は上手である」

ただし当時、教えられたのは内地で使われていた儀式のためや、生活指導のための唱歌が中心であり、まだ自然や動植物、名勝などを盛り込んだ台湾独自の唱歌は作られていない。

後年、日本においても伊沢の唱歌教育は、西洋音楽への偏重や「徳育」を重視するあまり、芸術性が軽んじられたなどとして批判を浴びたが、実際、台湾時代でも子供たちを「楽しませるために」独自の唱歌をつくるという発想はなかった。

むしろ、伊沢は唱歌を、同化や日本語を効果的に習得させるツール（道具）として利用し、国語教材とのコラボレーションが盛んに行われた。これは植民地教育である以上、仕方がないことであろう。

一方、『始政記念日』や『六士（氏）先生』は、ともに大正4（1915）年発行の『公学校唱歌集』に収録され、その後も台湾でずっと歌い継がれた。

元台湾協会理事長の斎藤毅は終戦前年の昭和19（1944）年に台北師範学校付属国民学校（小学校）に入学し、2年生まで通った。「すでに戦争が激しくなっていたころで、台湾独自の唱歌の多くは歌われなくなっていたようです。ただし、『始政記念日』や『六士（氏）先生』のことはよく知っていますよ」

それは、2つの曲が日本時代の教育のシンボルだったからに違いない。当時から『始政記念日』を屈辱的な思いで歌った台湾人児童がいなかった、とは言わないが、多くの子供たちは伊沢らがもたらした近代教育によって育てられたのである。

伊沢は明治30年、今度は台湾総督府の上司とトラブルを起こし、渡台からわずか2年で台湾を去ってしまう。

だが、台湾の教育、とりわけ唱歌を作る伊沢の情熱は冷めることがなかった。台湾を去った後も、東京師範学校や東京音楽学校時代の教え子らを次々と台湾へ送り込み、影響力を保持し続けた。

やがて、伊沢が蒔《ま》いた「混和主義」のタネが花を咲かせ、彼らによって、台湾の独自の唱歌が生み出されてゆくのである。

伊沢修二（いさわ・しゅうじ）

幕末の嘉永4（1851）年、信州・高遠藩士の家に生まれる。大学南校（現・東大）に学び、明治新政府の官吏に。米留学を経て、東京師範学校校長、音楽取調掛長を歴任。唱歌集の編纂に携わり、西洋音楽教育導入に努めた。明治28（1895）年、台湾に渡り、総督府の初代学務部長に就任、近代教育制度整備に取り組む。貴族院議員も務めた。大正6（1917）

年、65歳で死去。

「親」と慕われた日本人教師

平成23（2011）年に刊行された、台湾独立運動の父、王育徳（1924〜85年）の回想録『「昭和」を生きた台湾青年』（草思社）は日本統治時代の台湾社会を描いた貴重な記録である。とりわけ、著者の公学校（小学校に相当）や旧制中学時代のエピソードが興味深い。当時の台湾人の青少年たちと、日本人教師との絆の強さや信頼関係がしのばれるからだ。

そこに、こんな記述がある。終戦後、台湾の支配者が日本人から中国人（国民党）に代わったときの話だ。

〈たいていの台湾人は日本人に同情的であった。すでに五十年間の日本時代のあいだに、本島人（台湾人）と内地人（日本人）のあいだには強い絆が生まれていたのだ。（略）日本人は厳しかったが、真面目で裏表がなかった。（略）とくに一から教えてくれた教師や技師は、台湾人にとって恩人でもあり、親のような存在でもあった〉

同書には一方で、中学時代の著者が日本人生徒に「民族的ないじめ」を受けたエピソードもちゃんと出てくるから、公平で、ありのままの感想とみていいだろう。

明治28（1895）年、台湾の領有権を得た日本は台湾に近代教育を導入すべく、各種の学校を創設する。台湾人の児童が通う公学校、主に日本人子弟が通う小学校……。台湾人でも日本語能力が高い児童は小学校に行くことができたが、多くは裕福な良家の子女で、その数も、全体の1割程度に制限されていた。公学校と小学校は使う教材が違い、設備面でも「格差」があったというから「対等だった」などというつもりはない。

だが、少なくとも児童と向きあう日本人教師の熱意に「格差」はなかった。

再び『「昭和」を生きた台湾青年』に戻ろう。良家の出身であった王育徳少年も学齢期になると、兄たちが通った小学校を受験するが、不合格。3年次の編入試験にも落ちてしまう。泣く泣く通った公学校で、王少年は、厳しくも温かい情熱で接してくれた日本人教師と出会うのである。

「なあ、育徳、末廣（公学校）だっていい学校だぞ」「あいつら（小学校）に負けるものか、負けやしないさ」

日本人教師は、劣等感に苛《さいな》まれた王少年を励まし、自宅にまで呼んで補習を行い、王少年を名門中学に合格させる。もちろん謝礼など一切取らない。

王以外にも、こうした日本人教師との思い出を持っている台湾人は少なくない。『台湾二二八の真実　消えた父を探して』（まどか出版）の著書で知られる阮美姝は、台湾人ながら小学校に通った組だ。「台北の小学校でしたが、台湾人はクラスに5人だけ。でも、先生は差別するどころか、むしろ私たち台湾人児童をかわいがってくれましたよ」と振り返っている。

もちろん当時は、台湾、朝鮮などの外地に赴任する者には、多額の手当がついたというから、「好待遇」にひかれてやってきた教師もいたに違いない。だが、台湾総督府の初代学務部長に就いた伊沢修二がそうであったように、ほとんどの日本人教師は新天地に教育の理想を描き、高い志と情熱を持って、海を渡ったのではなかったか。

彼らは、子供たちに近代教育を授け、厳しく鍛え上げた。もちろん、台湾人、日本人の別なく、である。

やがて誕生する「台湾独自の唱歌」は、こうした日本人教育者や現場の教師の熱意によって生まれ、育まれていく。

最初に伊沢が台湾に導入した唱歌教育は儀式や生活指導、さらには日本語教育のツール

台北師範学校付属国民学校の教育実習にて＝昭和19年（喜久四郎提供）

（道具）として行われた。初期のころに使われたのは内地（日本）と同じ唱歌である。

ところがそのうちに、現場の教師たちからクレームが寄せられるようになった。内地の唱歌ばかりではなく、「台湾の自然や風俗に即した独自の唱歌がほしい」というのである。なぜならば、内地の唱歌に歌われている内容が台湾の事情とかけ離れているために、子供たちが楽しく歌うことができないからだ。

劉麟玉著『植民地下の台湾における学校唱歌教育の成立と展

開』（雄山閣）には、当時の教育雑誌などに掲載された、日本人教育者や現場の教師による侃々諤々《かんかんがくがく》の意見が紹介されている。そのいくつかを見てみよう。

〈日本の歌で描写される風景や事物が台湾にふさわしくないから、本島（台湾）の唱歌をつくるべきである。野辺に咲くスミレやたんぽぽを摘む乙女の代わりに、（台湾では）無骨《ぶこつ》な水牛が草を食っている。元寇や豊島の軍歌も適当ではない〉

〈「雁《かり》」や「カラス」は台湾において普通見られず、「お正月に羽子板やまりをついて」という情景も、台湾人の子供には想像しにくい。「広瀬中佐」「勇敢なる水兵」などの歌を教えても理解はできない〉

中には日本語能力がまだ十分ではない台湾人児童のために、「台湾語の唱歌を作るべきだ」という意見まであった。

相模女子大学准教授の岡部芳広（音楽教育）はこう言う。「日本人の教育者には、熱心な人が多かった。もちろん（同化を前提とした）『植民地教育』という大枠の中でだが、『いかに子供たちに良い教育を与えられるか』ということを真剣に考えていたのです。だから、唱歌においても、台湾の子供たちの生活に即した教材を求めたのでしょう」

ただし、当時の台湾の唱歌教育はまだ〝行きつ戻りつ〟の状況であった。明治29（1896）

年、内地に先駆けて、唱歌は必須科目となったが、37年には「随意科目」に〝格下げ〟されてしまう。父母らの反対があったためだ。伝統を重んじる良家では、「唱歌などは低俗なもので、特に男子がやるべきものではない」という意識が強い。日本時代の朝鮮でも同様の反対があったという。

唱歌教育を行う人材や教材も不足していた。伊沢が台湾総督府学務部長在任時や、明治30年に台湾を離れた後も、ゆかりの人材を次々と台湾に送り込んだことは、すでに触れたが、音楽の専門家となると、人材は限られてくる。

こうした中で、高橋二三四《ふみよ》は台湾総督府傘下学校の「初めて」の、そしてある時期まで「唯一」の音楽（唱歌）教師であった。

明治29年9月、東京音楽学校を卒業したばかりの高橋は、伊沢の誘いに応じ、台湾へ渡る。台湾総督府の国語学校の教員となり、39年、病気のためにいったん帰国するが、再び台湾に戻り、44年まで国語学校で教鞭《きょうべん》をとった。

高橋はまた『弔殉難六氏の歌』（明治33年）、『煙鬼』（34年）、『台湾周遊唱歌』（43年）など台湾で初めて独自の唱歌を作った作曲者である。

『弔殉難六氏の歌』は明治29年、土匪に襲われて亡くなった6人の日本人学務部員を題材にしたもので、先に触れた『六士（氏）先生』の元歌になったとみられる。『煙鬼』とはアヘンを吸う人のことで、その害毒を子供に教える内容だ。『台湾周遊唱歌』は日本の『鉄道唱歌』をもじり、台湾の名勝を巡ってゆく。ユニークなのは、当時の台湾では鉄道が全島に開通しておらず、船で行く区間があることだ。

高橋が作った唱歌は、残念ながら現在、そのほとんどが人々の記憶に残ってはいない。ただし、「独自の唱歌」の機運は後進に引き継がれた。そして、大正4（1915）年、多くの独自の唱歌が収録された初めての『公学校唱歌集』が発行されるのである。

先駆者となった一條愼三郎

「『伊沢（修二）先生にだまされたよ』。オヤジは冗談交じりによくそう言ってたそうです」

戦前、戦中の台湾の音楽界に大きな足跡を残した一條愼三郎の三男、元美《もとみ》の回想である。

台湾総督府の初代学務部長を務めた伊沢とは同郷（信州）であり、東京音楽学校時代は校長（伊沢）と教え子（一條）の間柄。明治43（1910）年、台湾の音楽教師不足に頭を悩ませていた伊沢が白羽の矢を立てたのが当時、山形師範学校に勤めていた一條だった。台湾赴任後に「ヨーロッパ行きを考える」という条件であったが、それは結局〝空手形〟になる。「だまされた」というのはこのことである。

当時台湾では、学校現場の教師から「児童が楽しんで歌えるような、台湾の自然や風俗に合った独自の唱歌を作ってほしい」という要求が相次いでいた。だが、そのための人材や教材が不足しており、唯一の音楽教師であった高橋二三四まで、一時は病気で帰国してしまうありさまであった。

明治44年11月、台湾総督府の国語学校（後の師範学校）助教授として赴任した一條は、いや応なく、音楽（唱歌）教育の第一線に立たされる。とりわけ「台湾独自の唱歌づくり」の成否は一條の双肩にかかっていた、と言ってもいい。

そのとき台湾独自の唱歌として存在していたのは高橋が作った6曲のみ（『煙鬼』など）。まさに「ゼロ」に近い状況からのスタートであったが、幸いなことに一條は台湾に渡った日本人教師の例にもれず、責任感が強く志の高い教育者であった。再び三男の元美の話である。

「仕事をいとわない人でしてね。後に台湾初のオーケストラを作ったとき、『ひとに教えるにはまず自分ができないとだめだ』と独学でいろんな楽器をマスターしたり、（内地の）音楽学校を受験する教え子を自宅に呼んで、熱心に無料のピアノレッスンをしたり……。わが父親ながら、音楽家としても教師としても立派でしたよ」

一條は赴任早々、台湾人児童を対象にした日本語教材である『公学校国民読本』の韻文にメロディーを付けた『せんたく』や『かめ』『なはとび』『蘭の花』『こだま』など、独自の唱歌を、次々と作曲した。日本の施政が始まった日を歌った『始政記念日』、土匪の襲撃で犠牲になった総督府の6人の学務部員をテーマにした『六士（氏）先生』を作ったのもまた一條である。

これらの曲はいずれも、一條が事実上の編纂者となった総督府発行の最初の唱歌集『公学校唱歌集』（大正4＝1915年）に収録された。台湾人の児童が通う学校の唱歌の授業で使う、公式の唱歌集である。

盛り込まれたのは1～6学年の全46曲。内訳は、その直前に日本で発行された『尋常小学唱歌』集（明治44～大正3年）など、内地の唱歌集などから29曲。これに対して、台湾独自の唱歌が17曲である（『植民地下の台湾における学校唱歌教育の成立と展開』）。

独自の唱歌のうち、宮内省楽部楽長、音楽取調掛員の経歴を持つ芝葛鎮《しばふじつね》が作曲したのが2曲（『にぎみたま』『克忠克孝』）。残りの15曲はすべて、一條の作曲であった。

ただし、独自の唱歌を作る本来の理由であった「台湾の自然や動植物、風俗を歌ったもの」はわずか4曲しかない。そのうちの1曲は、内地の唱歌のメロディーを借りて、歌詞に出てくる花の種類を、台湾の花に変えただけである。

内地から採用された唱歌を見ても、『汽車』『富士山』など、おなじみの曲が含まれている一方で、『君が代』『紀元節』『天皇陛下』など、日本への帰属意識を高めることを目的とした唱歌が多い。

台湾総督府発行『公学校唱歌集』
（大正4年）

（網掛けは台湾独自のもの）

学年	題名
1（7曲）	・君が代
	・かめ（台湾独自）
	・なはとび（台湾独自）
	・犬
	・猫と蛙（台湾独自）
	・蘭の花（台湾独自）
	・人形
2（7曲）	・天長節
	・花
	・せんたく（台湾独自）
	・月
	・紙鳶
	・時計
	・さあ遊びませう（台湾独自）
3（7曲）	・勅語奉答（台湾独自）
	・日の丸の旗
	・こだま（台湾独自）
	・親の恩
	・運動会（台湾独自）
	・紀元節
	・花咲爺
4（8曲）	・天皇陛下
	・六氏先生（台湾独自）
	・同情
	・夕立（台湾独自）
	・菊の花（台湾独自）
	・二宮金次郎
	・数へ歌
	・一月一日
5（8曲）	・始政記念日（台湾独自）
	・富士山
	・桜井のわかれ
	・日本の国
	・汽車
	・にぎみたま（台湾独自）
	・漁船
	・明治天皇御製
6（9曲）	・金剛石・水は器
	・蛙と蜘蛛
	・農商工（台湾独自）
	・克忠克孝（台湾独自）
	・港
	・玉の宮居
	・台湾の風景（台湾独自）
	・開校記念日
	・卒業の歌

奈良教育大の劉麟玉によれば「当時はまだ（日本への同化を目的とした）国民精神や徳性の涵養《かんよう》を重視する傾向が強く、その教育方針を優先せざるを得なかったのでしょう」。

もちろん、歌詞をつくるのは一條ではないが、歯がゆい思いが残ったのだろう。公式的な唱歌集のほかに、一條が独自に作った『小学校公学校唱歌教材集』の緒言で、こう語っている。〈風土、気候、習俗など本島（台湾）に特殊なる郷土的歌曲は最も必要とするところであるが、その多くを採録できなかったのは、はなはだ遺憾である〉と。

それでも一條は、台湾での唱歌教育にのめり込んでいった。多くの曲を作曲する一方で、国語学校教員として、台湾の公学校や日本人児童を中心とした小学校で唱歌（音楽）を教える教員の養成に力を尽くす。

台湾中南部の嘉義《かぎ》にあった玉川公学校で教鞭をとった佐藤玉枝は、台北第一師範学校時代に、一條の薫陶を受けたひとりである。

「本当に音楽いちずの方でしたね。私たちの寄宿舎の下が一條先生の部屋で毎日、夕方5時になるとピアノの練習の音が聞こえてきました。そして、日本人、台湾人の別なく誰にでも平等に接する方であったことも印象に残っています。私たちはその教えを守り、台湾人の子供たちに、先生が作った唱歌集を使って歌を教えたのです。子供たちはやっぱり、

昭和12年ごろの台北の小学校（徳丸薩郎提供）

自然や動植物の歌が好きなんですよ」

一條は、学校教育のみならず、台北放送局（ＪＦＡＫ）管弦楽団の創設や師範学校の生徒たちをメンバーにした混声合唱団を組織し、各地で音楽会も開催した。終戦の年の昭和20（１９４５）年5月、不慮の事故で75歳で亡くなるまで30年以上にわたって台湾に滞在。音楽界の第一人者であり続けたのである。

三男の元美がいう。「そのうちに、台湾の音楽のことなら『何でも一條先生』となってしまった。各地の学校の校歌も含めれば、いったいどれぐらいの曲を作ったことか。70歳過ぎまで現役でしたからね。歌劇団の創設に絡んでトラブルに巻き込まれ、多額の借財を背負う苦労もしましたが、台湾のことはやっぱり、嫌いじゃなかったんでしょうな（苦笑）」

一條自身は台湾のことをこう語っている。「本島（台湾）人学生は（略）内地の中学生などと違って音楽を軽んずるふうがないようだ。本島教育に音楽を用いるのは大いに必要だ」。そして、台湾に雅楽、俗楽など、さまざまなジャンルの音楽が根付いていることを挙げて、「現代世界第一の音楽島である」と絶賛したのである。

もちろん、独自の唱歌についても忘れてはいなかった。大正4年から約20年後に編纂された第2期の『公学校唱歌』集には、第1期以上に多くの独自の唱歌が収録されることになったが、奈良教育大の劉によれば、その中に「一條作曲」と思われる曲がいくつかある。

その多くは、第1期では満足がいかなかった「台湾独自の自然や風俗をうたった歌詞」に一條が曲をつけたものであった。

一條慎三郎（いちじょう・しんさぶろう）

明治3（1870）年、長野県生まれ。東京音楽学校（現・東京藝大）に入学するものの、中退。音楽教員として立教学院、山形師範学校（現・山形大学）などで教鞭をとり、明治44年渡台。国語学校（後の師範学校）などで教えるとともに、大正4年発行の『公学校唱歌集』に収められた台湾独自の唱歌を多数、作曲。台北放送局管弦楽団や合唱団の創設にも関わった。昭

書名　**消された唱歌の謎を解く**

このたびは産経新聞出版の出版物をお買い求めいただき、ありがとうございました。今後の参考にするために以下の質問にお答えいただければ幸いです。抽選で図書券をさしあげます。

●本書を何でお知りになりましたか？

□紹介記事や書評を読んで・・・新聞・雑誌・インターネット・テレビ

媒体名（　　　　　　　　　　　　　　　　）

□宣伝を見て・・・新聞・雑誌・弊社出版案内・その他（　　　　　）

媒体名（　　　　　　　　　　　　　　　　）

□知人からのすすめで　□店頭で見て

□インターネットなどの書籍検索を通じて

●お買い求めの動機をおきかせください

□著者のファンだから　□作品のジャンルに興味がある

□装丁がよかった　□タイトルがよかった

その他（　　　　　　　　　　　　　　　　）

●購入書店名

●ご意見・ご感想がありましたらお聞かせください

（ご回答いただいたご意見・ご感想は広告等で使用させていただく場合があります。）

郵便はがき

100-8077

63円切手を
お貼りください

東京都千代田区大手町1-7-2

産経新聞出版　行

お名前《フリガナ》	
性別　男・女	年齢　10代 20代 30代 40代 50代 60代 70代 80代以上
ご住所 〒　　(TEL.　　)	
ご職業　1.会社員・公務員・団体職員　2.会社役員　3.アルバイト・パート　4.農工商自営業　5.自由業　6.主婦　7.学生　8.無職　9.その他(　　)	
・定期購読新聞 ・よく読む雑誌	
読みたい本の著者やテーマがありましたら、お書きください	

和20年、台湾で75歳で死去。

日台の子供たちに大人気『ペタコ』

昭和2（1927）年4月、詩人の野口雨情と作曲家の中山晋平は、童謡の演奏・普及を目的に、歌手の佐藤千夜子《ちやこ》とともに台湾に赴いた。4月1日に神戸港を船でたち、台湾・基隆港へは3日間の船旅。そこから台中、嘉義、台南、高雄と縦断し、約2週間にわたって台湾各地で講演を行ったり、童謡を披露したりしている。ときに雨情45歳、晋平40歳。2人のコンビで『シャボン玉』や『証城寺《しょうじょうじ》の狸囃子《たぬきばやし》』など童謡の名作を送り出し、佐藤（歌）を加えたトリオで『波浮《はぶ》の港』の大ヒットを飛ばすのは、翌3年のことだ。

この旅で2人の巨匠は、エキゾチックな台湾の自然や風俗に大いに関心をもったようだ。創作意欲をかき立てられた2人は、台中神社の境内の森で見かけた、かわいらしい小鳥を題材に、新たな童謡を書く。昭和3年に日本でレコード発売され、後に台湾の子供たちにも愛唱された『ペタコ』である。

ペタコは漢字で書くと白頭鳥（別名シロガシラ）。文字通り、頭の白い毛が特徴で、スズメよりやや大きく、10羽ぐらいで群れて飛ぶ。台湾では、よく見かける鳥のひとつだ。

実は2人が作った『ペタコ』は台湾の唱歌集には掲載されていない。ところが、ラジオに乗ってたびたび紹介されたことなどから、台湾全島で知られるようになり、後には、小学校（主に日本人児童）や公学校（台湾人児童）の別なく、唱歌の授業で教えられるようになる。

中田芳子は台北の小学校に通っていたころ、子供唱歌隊に選ばれ、台湾放送協会・台北放送局（JFAK）でよくこの『ペタコ』を歌った。

「全台湾の小学生から女の子ばかり40人が選ばれましてね、放送局で、いろんな歌を歌うんです。時節柄、童謡のほかに軍歌もよく歌いました。メンバーには日本人だけじゃなく、台湾人もいましたよ。『ペタコ』は唱歌隊でよく歌った歌ですが、当時は有名な人（雨情や晋平）が作った歌だなんて、まったく知りませんでしたね」

台湾・中南部、嘉義の玉川公学校で教鞭をとった佐藤玉枝も、この『ペタコ』の歌を「台湾人の児童によく教えた」という。子供たちにとっては、見たこともない動植物や自然を歌った内地（日本）の唱歌よりも、はるかに親しみを感じることができたであろう。

台湾在住の日本人児童にも大人気だった。ユーモラスな言葉に親しみやすいメロディーは子供たちの心をたちまちつかんだ。『ペタコ』は日本でも複数の童謡歌手が歌い、今も歌い継がれている。

ところで、『ペタコ』という曲は「雨情・晋平版」のほかにもいくつかある。そのひとつは、昭和9（1934）年から昭和10年にかけて台湾総督府がつくった『公学校唱歌集（第2期）』の第二学年用に収録されている歌だ。作詞者として、台湾・花蓮高等女学校の教師、岡本新市の名前が残っている（『植民地下の台湾における学校唱歌教育の成立と展開』）。中田はさらに別の『ペタコ』を歌ったことがあるという。♪ペタコ、ペタコ、迷子のペタコ〜で始まる歌だ。それだけ、ペタコが台湾人にとって身近な鳥だったのだろう。

『ペタコ』を作った雨情と晋平は大正期に始まった童謡運動に深く関わっている。この運動は、従来の学校唱歌について、「歌詞が難解」「子供の生活から遊離している」などと批判し、真に子供たちが楽しめる、芸術性にあふれた作品を作ろうとしたものだ。

時代背景には、大正デモクラシーと呼ばれた民主的な風潮があり、教育界でも子供の個性や感動を重視する自由教育運動が広まった。こうした日本でのムーブメントはやがて台湾へ波及し、子供たちの生活に密着した「独自の唱歌」作りに大きな影響を与えることになる。

大正4（1915）年、台湾総督府の国語学校（後の師範学校）教員である一條慎三郎が中心となり、独自の唱歌を盛り込んだ、台湾で初めての『公学校唱歌集』（全46曲）が作られたことはすでに書いた。ただ、17曲の独自の唱歌のうち、本来の目的といえる「子供たちが楽しんで歌える台湾の自然や動植物を盛り込んだ歌」は4曲だけで、教育現場の教師たちの不満は解消されなかった。

このため、約20年後に編纂された第2期の『公学校唱歌』集では、台湾の自然、動植物や歴史などを題材にした独自の唱歌が多数盛り込まれ、歌詞の公募まで行われることになるのだが、その「流れ」を後押ししたひとつの要因が、こうしたムーブメントであり、時代だったのである。

当時の台湾の唱歌教育に詳しい相模女子大の岡部芳広はこう見ている。

「昭和12（1937）年の日中戦争以降は、台湾での教育も軍国化や皇民化の流れが強まるが、それまでは比較的安定した『のんびりした』時代でした。大正期の自由教育運動や童謡運動が台湾にも波及して、子供の個性尊重や生活、郷土に密着した教育が叫ばれ、必然的に台湾の風土に即した教育が行われるようになったのです。『ペタコ』のように子供の視線で書かれた童謡も当時は随分、作られたようですね」

こうした中で『ペタコ』とともに、台湾在住の日本人の記憶に残っている『ガジュマルさん』という歌がある。ガジュマルはクワ科の常緑高木で、台湾など亜熱帯や熱帯に多い。高さは約20メートルにもなり、幹が分かれて繁茂し、多くの気根（地上に出た根）を垂らす。

昭和初期に台湾で小学校時代を過ごした日本人によって出された『絵本　台北の歌』にはこう書かれている。〈『ガジュマルさん』の歌を小学校で習ったが、長い髭《ひげ》根はターザンごっこにもってこい。ゴツゴツした瘤《こぶ》根は木登りの足場に最高。男の子はみんなこの木陰で仲良しになった〉と。

『ガジュマルさん』の作曲者とされる勝山文吾は、台湾総督府の官吏で台北の小学校の教師も務めたという。『ペタコ』と同じく、唱歌集には収録されていないが、やはりラジオで流され、子供唱歌隊の中田も「よく歌った」と話している。

「子供らしく、楽しめる歌を」という流れはその後、多くの独自の唱歌を生み出すことになる。

『ペタコ』

ペタコおっかさんに

白い帽子もろた
ペタコ白い帽子　かぶってる
ハ　リャンリャカリャンの
リャンリャンリャン
ハ　リャンリャカリャンの
リャンリャンリャン

野口雨情（のぐち・うじょう）

明治15（1882）年、茨城県出身。東京専門学校（現・早稲田大）中退後、詩作を始め、明治38年、処女詩集『枯草』を発表。『七つの子』『赤い靴』『シャボン玉』など、多くの名作を書き、北原白秋、西条八十《やそ》とともに童謡界の三大詩人に数えられた。昭和20年、62歳で死去。

中山晋平（なかやま・しんぺい）

明治20（1887）年、長野県出身。東京音楽学校（現・東京藝大）卒。大正3年、芸術座の

『復活』の劇中歌として松井須磨子が歌った『カチューシャの唄』が大ヒット。『波浮の港』『証城寺の狸囃子』『ゴンドラの唄』など流行歌、童謡、新民謡で多くの曲を作った。昭和27年、65歳で死去。

先住民の風俗に魅せられた詩人

平成21（2009）年公開の日本映画『トロッコ』（川口浩史監督）は芥川龍之介の同名短編小説をモチーフに、舞台を台湾に変えて少年の冒険や家族の絆を描いた作品だ。舞台が変わった理由は、台湾北東部の太平山中に、作品のイメージとピッタリのトロッコと線路が残されていたからである。

日本統治時代の台湾で、台車と呼ばれたトロッコは、人力による、簡便かつ重宝な人貨兼用の交通手段であった。

昭和9（1934）～10年に台湾総督府が発行した『公学校唱歌』集（第2期）第三学年用に収録されている台湾独自の唱歌『だいしゃ』（山本奈良男作詞、作曲者不詳）は、山や畑の中を軽快に突っ走るトロッコの姿を描いた作品で、当時の子供たちに人気のあった歌のひとつだ。

昭和初期に台中の清水《きよみず》公学校（小学校に相当）に通った〝老台北〟こと蔡焜燦は「よく歌いましたね。♪ごう、ごうだいしゃ（台車）、走るよだいしゃ（3番の歌詞）。いまでも覚えていますよ」。

台北の師範学校を出て、台湾中東部の花蓮で小学校教師を務めた喜久四郎《きくしろう》は、映画『トロッコ』が撮影された台湾北東部の山中の出身である。

喜久の父や長兄は、台湾の先住民が住む地域の警察官（山の巡査と呼ばれた）をしており、喜久が生まれた場所は、最後のバス停から歩いてなお2晩もかかるような山奥であった。

日本はこうした秘境にまで道を開き、トロッコを走らせ、さらには先住民のための学校（教育所）を建てた。そこで治安維持とともに日本語をはじめとする教育を行うのもまた、地域の警察官の仕事である。教育所で教える教科は、国語（日本語）、算術、修身、唱歌など。家事・裁縫を教えるのは警察官の奥さんの役目だった。

教育所で当時、日本語の五十音を覚える歌として使われたのが『アイウエオの歌』である。作詞・作曲は一般の台湾人が通う公学校の教師を務めていた劉元孝。数え歌風の、こ

貴重な交通機関だった台車（トロッコ、写真左）と戦前の台湾の先住民（同右）

の教材は公学校でもよく使われた。

喜久が通った太平山小学校は自宅からさらに約25キロ離れた海抜1900メートル近い高地にある。主に、太平山の原生林を伐採する林業従事者の子弟のために作られた学校だった。通学ができないため、寄宿舎生活を送っていた喜久は「夏休みなど年に3度程度、自宅に帰れるときが何よりもうれしかった。寂しいときは寄宿舎にあった蓄音機やラジオで、好きな歌を聞いて紛らわせたものですよ」。

台湾人も足を踏み入れない山奥で、先住民統治や教育の最前線に立たされた警察官の苦労は並大抵のものではなかったろう。特に台湾領有当初は先住民の統治に、たびたび手を焼き、襲撃されて命を落とした警察官も少なくない。

「〝陸の孤島〟のような場所でしてね。私の時代（昭和初期）にはかなり平穏になっていましたが、父が出かけるときは武装していましたし、いざというときに私たち子供が隠れる場所も決めてありました。危険と隣り合わせの仕事で、道のあちこちに『（警察官）殉職の碑』が立っていたものです」。これもまた喜久の回想である。

一方で台湾を訪れた日本人には、先住民の風俗がエキゾチックな魅力に映ったようだ。著名人も例外ではない。童謡『ペタコ』を作った詩人の野口雨情と作曲家の中山晋平が昭和2（1927）年に台湾を訪問したときには、阿里山《ありさん》で先住民の集落を訪ね、晋平は土産に、と彼らの刀や衣装まで買って帰っている。

また、童謡ではないが、先住民の少女と日本人巡査の悲恋の実話を題材にした歌謡曲『サヨンの鐘』（西条八十作詞、古賀政男作曲）は、歌手の渡辺はま子が歌って大ヒット。李香蘭主演で映画化もされた。当時、台湾に住んでいた日本人には、今も記憶に残る歌になっている。

詩人で多くの童謡を書いた北原白秋もまた、先住民の風俗に関心をもったひとりだ。昭和9年6月から8月にかけて、白秋は1カ月以上にわたって台湾を旅行している。台湾総督府と台湾教育会の招きによるもので、内台融和と国語普及を歌謡によって達成するのが目的だった。

当時49歳の白秋は台湾訪問を熱望していたらしく、自著にこう記している。〈私は勇躍した。かねての華麗島（台湾）巡歴の希望が実現することについて時にとっての幸であった〉。台湾・基隆から、台北、台中、阿里山、高雄、花蓮と、ほとんど台湾全島を一巡し、先住民が住む地域もたびたび訪れた。先住民の子供たちが、白秋の書いた童謡を歌ったり、踊ったりしてみせたことがとりわけ印象に残っていたようで、〈感懐は今思うに、悲喜交々である〉と書き残している。

そして、前にも触れたが、白秋は先住民が多く住む台湾南部の「三（山）地門郷」の光景に感動し、童謡『サンテイモン』を書く。

ビンロウ（南国で見られるヤシ科の植物）など、当地の自然や風俗が盛り込まれた『サンテイモン』は台湾から帰国後の昭和9年12月発行の児童雑誌『コドモノクニ』で発表されている。そして、童謡『春よこい』『鯉のぼり』などで知られる作曲家の弘田龍太郎が曲をつけ、レコードになった。後に、台湾語にも翻訳されている。

また、白秋の作品は『だいしゃ』が収録されている台湾総督府発行の『公学校唱歌』集（第2期）にもある。先にも述べたが、第四学年用に掲載されている『南の風』だ。

白秋の母の故郷・熊本の柑橘類「朱欒《ざぼん》」をテーマにし、大正10（1921）年に発表されたこの歌（作曲は草川信）を「台湾の風景を歌ったもの」と誤解している向きがある。実際に、南国の光景を歌った歌詞は台湾の子供たちにも親しまれ、太平山小学校に通った喜久四郎も「ラジオでよく聞いていた」と懐かしそうだ。

公募でできたオリジナルの名曲

日本統治時代、台北市にあった建成小学校の同窓会が発行した『がじゅまるの追憶』に、昭和6（1931）年当時の同市内の学校一覧が載っている。

最も古い小学校は明治30（1897）年創設とあるから、日本の統治が始まってわずか2年後のことだ。以来、着実に数を増やして34年後の昭和6年には台北だけで小学校（主に日本人児童）・公学校（台湾人児童）合わせて19校、児童数は約2万5千人に達している。

上級学校は、中学校、高等女学校、高等学校、商業、工業学校、台北帝国大学、医学専門学校、師範学校などのほか、私立の学校もあった。わずか30年あまりで日本はこれだけの学校をつくり、近代教育を導入したのである。日本の台湾統治は着実に根を下ろしていた。

そのころ、台湾総督府による第２期『公学校唱歌』集（昭和9〜10年）作成の動きが活発になっていた。最初の『公学校唱歌集』（大正４年、全46曲）から約20年。この唱歌集だけでは曲数が足りない上、教育現場からは依然、台湾の子供たちが楽しく歌えるような、自然や風俗を織り込んだ独自の唱歌を求める声が届いていた。

そこで総督府や台北帝大の教授、師範学校や現場の教師らによって編集方針が検討された結果、新たにつくる台湾独自の唱歌の詞と曲（の一部）を「一般から公募」するという、内地（日本）でもなかったやり方が決定されたのである。

公募の理由は、これまで台湾独自の唱歌を作った音楽教師らの作品ばかりでは、「同じ傾向になってしまう」からだ。採用作品には、賞金が出されることになり、全島中から応募が殺到した。そして、唱歌集全１０５曲のうち『だいしゃ』『カアレン』『牛車』など19曲が公募によって作られたのである。

採用作の作曲者の名は伏せられたが、作詞者は公表された。奈良教育大の劉麟玉によれば「作詞者の多くは台湾の公学校などの日本人教師でした。作曲は内地の作曲家に依頼したようですが、一部には著名な巨匠の作品も含まれていたようですね」。ただし、公表された作詞者のうち、台湾人は現地の鳥を題材にして『カアレン』を書いた江尚文（新竹女子公学校教員）1人だけ。これは台湾人の教師自体が少なかったことと無関係ではないだろう。

この唱歌集では、公募以外で作られた曲も含めて、全105曲のうち「台湾独自の唱歌」が半数近い40曲を占めた（『植民地下の台湾における学校唱歌教育の成立と展開』）。『カアレン』『スヰギウ』『ペタコ』『胡蝶蘭《こちょうらん》』『すゐれん』など、動植物を歌ったもの。『新高山《にいたかやま》』『赤嵌城《せきかんじょう》』などの名勝・旧跡、『だいしゃ』『おまつり日』などの風俗、歴史上の人物『鄭成功』もテーマになった。

このうちの『新高山』は内地で昭和4（1929）年に発行された『検定小学唱歌』第三学年用に収録されている納所《のうしょ》弁次郎作曲の歌とは別の台湾独自の曲（詞は同じ）である。『ジャンケン』という題名の曲にバナナやオンライ（パイナップル）が出てきたり、『ユフダチヤンダ』の歌にも、マンゴーやビンロウ（ヤシ科の植物）が盛り込まれるなど、工夫もこらされた。

こうした〝地元密着型〟の曲がわずか4曲しかなかった最初の唱歌集（大正4年）に比

台湾総督府発行
『公学校唱歌』集（第2期）(昭和9〜10年)

は台湾独自のもの

学年	題名
一（15曲）	1. ヒノマルノハタ
	2. ハト
	3. メジロノコ
	4. ユフダチヤンダ
	5. ヒヨコ
	6. カタツムリ
	7. ツキ
	8. キノハ
	9. ジャンケン
	10. ニンギャウ
	11. カアレン
	12. ヒカウキ
	13. コスズメ
	14. イヌ
	15. モモタロウ
二（15曲）	1. ミヅクルマ
	2. トリノス
	3. アリ
	4. タケノコ
	5. ペタコ
	6. スヰギウ
	7. フンスヰ
	8. フジサン
	9. カカシ
	10. アヒル
	11. ラヂオ
	12. うらしまたろう
	13. しつめんてう
	14. なぞなぞ
	15. はるがきた
三（15曲）	1. あおば
	2. だいしゃ
	3. 村のかぢや
	4. 牛車
	5. ながいお休
	6. せみ
	7. すゐれん
	8. おまつり日
	9. にじ
	10. うんどうくわい
	11. きしゃ
	12. 大日本
	13. おぢいさん
	14. すみやき
	15. 白さぎ
四（20曲）	1. 靖国神社
	2. お手玉
	3. 南の風
	4. 初夏の夜
	5. 花火
	6. かげろう
	7. 夕立
	8. 漁船
	9. 桜井の訣別
	10. 遠足
	11. つゆと虫
	12. 野菊
	13. 燈台
	14. とりいれの歌
	15. いかだかづら
	16. 観兵式
	17. 子守歌
	18. 昭和の子供
	19. ひなまつり
	20. 我が帝国
五（20曲）	1. 金剛石・水はうつは
	2. 種
	3. こひのぼり
	4. 神木
	5. 空中戦
	6. 山上の家
	7. 海
	8. 風鈴
	9. 農商工
	10. 鄭成功
	11. 朝の歌
	12. 赤嵌城
	13. 山にのぼりて
	14. 新高山
	15. 助船
	16. 敵は幾万
	17. 船子
	18. 六氏先生
	19. 広瀬中佐
	20. 忍耐
六（20曲）	1. 明治天皇御製
	2. 瀬戸内海
	3. 胡蝶蘭
	4. 日本海海戦
	5. 雨上がり
	6. 婦人従軍歌
	7. 我は海の子
	8. 航海
	9. 軍艦
	10. 日本三景
	11. にぎみたま
	12. 水師営の会見
	13. 埴生の宿
	14. 何事も精神
	15. 楽しき我が家
	16. 天照大神
	17. 暁景
	18. せんだん並木
	19. 我等の村
	20. 別れ

べて、飛躍的な増加である。ここにきて、ようやく現場の教師が待ちこがれた唱歌集が完成したということになろう。

ところで、公学校と小学校では使う唱歌集が違っていた。公学校は、台湾独自の唱歌が多数盛り込まれた『公学校唱歌』集。小学校は基本的に内地(日本)と同じ唱歌集を使う。当時なら『春の小川』や『牧場(まきば)の朝』などが収録された『新訂尋常小学唱歌』(昭和7=1932年)である。

ただ、このころになると、台湾で生まれた〝内地知らず〟の日本人児童が多数を占めていたから、彼らにとっても内地の唱歌は「見たことも聞いたこともない歌詞」であることに変わりはない。だからこそ教師は『公学校唱歌集』や民間の唱歌集を使ったり、ラジオで流された『ペタコ』(雨情・晋平版)や『ガジュマルさん』などの童謡を授業で教えたのである。

台湾生まれで台北の小学校に通った徳丸薩郎《さつろう》はいう。「日本の唱歌を歌っても、(台湾生まれの)僕たちにはイメージがわかない。例えば、台湾にはヤシの葉ばかりで、桜の花なんかほとんど見たことがないでしょう。だから、台湾、内地にこだわらず、僕たちは好きな歌を自由に歌っていましたよ」

徳丸が当時、よく歌っていた曲の中には『おまつり日』や『スキギウ』など、第2期の『公学校唱歌』集に収録された台湾独自の唱歌も含まれている。特に『おまつり日』は多くの日本人の記憶に残っている思い出の唱歌だ。日本時代に台北にあった台湾神社のお祭りを歌ったものだが、例えば台南の子供たちは「台南神社の」と歌詞を替えて歌ったという。

同じころ（昭和10＝1935年）、台北で始政40周年記念台湾博覧会が開催されている。北原白秋作詞、山田耕筰作曲の『台湾少年行進曲』は、博覧会に合わせて作られた歌だ。歌詞には、木瓜（パパイヤ）、水牛、台湾少年などの言葉が盛り込まれ、台湾生まれの少年たちのアイデンティティーをくすぐるテーマソングのような内容になっている。

当時、台湾の太平山小学校に通っていた喜久四郎は「学校の授業で習った私の愛唱歌のひとつ。当時、レコードにもなったと記憶しています。日本人だけでなく台湾人の子供たちもこの歌をよく歌っていましたよ」。

始政40年を記念して『台北市民歌』も作られた。こちらは大正4（1915）年の最初の『公学校唱歌集』に関わった一條愼三郎の作である。日本の台湾統治はまさに円熟期を迎えていた。

だが、中国大陸や内地、遠いヨーロッパでもキナ臭い動きが続いていた。やがて台湾の唱歌をめぐる状況も大きな変化を余儀なくされることになる。

第5章

闇に葬られた満州・朝鮮の歌

ばっさり切られた巨匠の力作

明治38（1905）年、日露戦争に勝利した日本は、ポーツマス条約により、ロシアから、東清鉄道・南部支線（旅順―長春間、後の満鉄線）の経営権や遼東半島の先端部（大連、旅順など・関東州）の租借権などを獲得する。日本による「満州（現・中国東北部）経営」の始まりである。

主体となったのが明治39年に設立された半官半民の国策会社、南満洲鉄道（満鉄）だ。満鉄は鉄道事業のみならず、製鉄、炭鉱、埠頭《ふとう》、ホテルなど幅広い事業を展開。多くの日本人が住む鉄道付属地の行政を担い（昭和12＝1937年まで）、学校や病院、住宅を建て、教員の養成まで行う。

それまで、軍閥が割拠する荒野だった満州は、日本によるインフラの整備によって、鉱工業、農業が振興し、人口は飛躍的に増加してゆく。内地からも新天地での成功を夢みて多くの人たちが海を渡り、終戦前には軍人・軍属を除き、約155万人の日本人が満州（関東州を含む）に住んでいた。

満州での教育を主導したのも、また満鉄である。大正11（1922）年には、関東州を所管する関東庁との共同出資で南満洲教育会教科書編集部を設立。内地とはまったく違う気候・風土を持った満州の地に即した国語、地理、理科など独自の教材編纂に乗り出す。「唱歌」もそのひとつだった。当時、教科書編集部員で、後に児童文学者として『コタンの口笛』などの作品を残した石森延男（1897～1987年）は満州独自の唱歌の必要性についてこう語っている。

「（満州の子供たちは）『井戸』という言葉も分からず、『田んぼ』『縁側』も『梅雨』も見たことがない。『村の鎮守の神様』『小ぶな釣りしかの川』と歌っても、満州にはないので分からない。郷土愛を養うためには、満州らしい風物や習慣、伝説、四季感といったものになじませねばならない」

大正11年といえば、内地を知らない満州生まれの「満州っ子」が育ってきたころだ。彼らはやがて、日本の満州経営を支える大事な人材になる。満州という土地への郷土愛を育てるのもまた、「教育」の重要な役割であった。

こうして、大正13（1924）年8月、小学生を対象にした南満洲教育会教科書編集部発行による最初の『満洲唱歌集』尋常科第一・二学年用が出された。さらに同第三・四学年用、同第五・六学年用が、それぞれ20曲ずつ、計60曲の収録である。

独自の唱歌が、日本統治下の台湾や朝鮮でも作られていたことは、すでに書いた。ただ、台湾などの唱歌集が現地の唱歌と内地の唱歌をミックスし、編纂されていたのに対し、満州の唱歌集は昭和15（1940）年まで、すべて満州オリジナルの唱歌だけで編纂されていた。

これは、台湾や朝鮮では総督府が教育を担っていたのに対し、満州では満鉄が教育を担当していたことが大きい。南満洲教育会教科書編集部には、石森ら新進気鋭の教育者や音楽家が内地から集まり、自由闊達《かったつ》で熱気にあふれていたという。彼らは満州という新しい舞台で実験的、先進的な教育に取り組み、満州の教育レベルを引き上げることにも成功する。

「すべてがオリジナル」の満州の唱歌集は、こうした日本人教育者たちの意気込みの表れであった。

「意気込み」は唱歌の作者の選定にも表れた。

大正13年に出た最初の『満洲唱歌集』には、北原白秋（詞）、山田耕筰（曲）コンビによる『ペチカ』『待ちぼうけ』『やなぎの春』の3曲（耕筰は『かれは』も作曲）が収録されている。さらに、作曲家では『汽車』の大和田愛羅（3曲）、『海ゆかば』の信時潔、『故郷』や『春の小川』などで知られる岡野貞一、『春よこい』『鯉のぼり』の弘田龍太郎、中田喜直の父で『早春賦《そうしゅんふ》』の作曲者、中田章《あきら》（各1曲）など、そうそうたる顔ぶれが曲を提供している。

作詞者も負けていない。アララギ派の歌人として活躍した島木赤彦が3曲、『ふじの山』『一寸法師』の巌谷小波《さざなみ》、『七つの子』『赤い靴』で知られる詩人の野口雨情……。まさに〝キラ星のごとく〟である。こうした巨匠を大挙動員したのも台湾や朝鮮の唱歌にはない満州だけの特色だ。もちろん、依頼にあたっては相当額の作曲・作詞料

著名な作曲家、詩人らが書いた満州唱歌

題名	作詞	作曲
ペチカ	北原白秋	山田耕筰
待ちぼうけ	北原白秋	山田耕筰
やなぎの春	北原白秋	山田耕筰
かれは	不詳	山田耕筰
メガデタ	野口雨情	大和田愛羅
歌時計	不詳	大和田愛羅
石炭くべませう	不詳	大和田愛羅
やなぎのわた	不詳	梁田貞
ぶたの子	島木赤彦	信時潔
アキ	島木赤彦	小松耕輔
夜汽車	島木赤彦	不詳
まちなみき	葛原齒	弘田龍太郎
うさぎうま	不詳	船橋栄吉
愛	八波則吉	中田章
伊藤公の最後	八波則吉	岡野貞一
爾霊山の秋	巌谷小波	大塚淳
春のゆくころ	不詳	楠美恩三郎
日の出の歌	不詳	島崎赤太郎

が教科書編集部から支払われたであろう。

ただし、こうした知名度優先の「巨匠主義」というべき方向性には、教科書編集部内にも異論があった。その急先鋒が当時の編集部員で、後に満州の唱歌を数多く送り出すことになる園山民平である。彼は、内地の巨匠たちの多くが満州の土地を知らないことを危惧していた。

「歌詞にしても曲譜にしても、満蒙の景物に接しない内地の名家が、果たして真に満州の子供に適した郷土材料を作成することができるのか」。園山は率直な物言いで、こう批判している。つまり、本来の趣旨である「満州の風土・自然に即した唱歌」はどこへ行ったのか、と言いたいわけだ。

実際に、園山の不安は的中する。教育現場において、巨匠たちが作った唱歌の評判は、あまり芳しくなかった。満州色が薄いことに加えて、子供たちには「難しすぎる」という批判も聞こえてきた。

このため、昭和7（1932）年以降、『満洲唱歌集』が大幅に改訂された際には巨匠たちの唱歌は一部を除いてばっさり切られてしまう。

代わって満州の唱歌を書いたのは、園山や石森ら、教科書編集部に属する教育者や音楽家、さらには現場の教師たちであった。とりわけ園山は、満州各地を回って土地のメロディーを採譜したり、現場の教師の声を聞き、多くの唱歌を作曲した。満州っ子のテーマソングとも言える『わたしたち』や『娘々祭《にゃんにゃんまつり》』『こな雪』など、今も歌い継がれている満州の唱歌の多くは園山の作である。

一方、巨匠の作品で例外的に、現代まで〝生き残った〟のが白秋・耕筰コンビによる『ペチカ』と『待ちぼうけ』の2曲だ。「ペチカ」とは、前にも述べたが、当時の満州でよく見られたロシア式の暖房のこと。『待ちぼうけ』は中国の故事を題材にしたコミカルな歌である。

ともにその後の改訂で満州の唱歌集からは消えたが、この「満州の香り」に包まれた名作は、後に日本の音楽教科書に掲載され、多くの子供たちに愛された。2つの曲が作られた当時は、白秋、耕筰の2人が親しく付き合い始めたころで、以来、コンビによる名作が数多く世に出されることになる。

2人の巨匠も『ペチカ』と『待ちぼうけ』には思い入れがあったようだ。

白秋は、昭和4（1929）年に満州を旅行した際に作った詩をまとめた『満洲地図』を17年に出しているが、大正期に作ったこの2曲を例外的に収録していることはすでに書いた。

一方の耕筰は戦後、東京音楽学校以来の親友である園山の著書に寄せた一文でこう書いた。〈君（園山）としてあの時、まさか、あの歌が演奏会で歌われるようになるとは思わなかったろう。満洲という国の存在しない今日でも、広く愛唱されているということは楽しいことだものね〉

2人の巨匠の満州への思いが詰まった2つの歌。そのルーツが満州の唱歌であることは現在の音楽教科書では触れられていない。

〝満州愛〟が詰まったテーマソング

満州にあった学校（大連、旅順など、関東州を含む）の同窓会で、必ずと言ってもいいほど、よく歌われる満州唱歌がある。園山民平が作曲した『わたしたち』（作詞者不詳）だ。

昭和7（1932）年以降、順次改訂された第2期の『満洲唱歌集』第三学年用に収録されたこの唱歌が満州っ子に愛された理由は、その内容にある。

満州生まれの日本人の子供たちは、内地（日本）を知らない。かといって、現地人とも違う。〝どっちつかず〟の満州っ子にとって、心のよすがとなったのが、♪まんしう（満州）そだちの　わたしたち～と歌ったこの唱歌だった。

元日銀副総裁で、幼いころ満州の興安街に住んでいた藤原作弥《さくや》は、『わたしたち』に関するこんなエピソードを自著につづっている。20年8月10日。突然、国境を越えてきたソ連軍から必死で逃げる汽車の中での話だ。

〈懐かしい興安嶺の山々や草原とは、もうお別れです。別れの歌を歌いたいと思います。（略）誰かが「ボクたちの満州の歌を歌おう」と提案した。「そうだ。わたしたち満州の歌『わたしたち』を歌おう」〉（藤原作弥著『満州、少国民の戦記』新潮社）。年長の少年のリードで始まった車中の大合唱。『わたしたち』はまさに、満州っ子のテーマソングだった。

内地の巨匠に作詞、作曲を依頼した最初の『満洲唱歌集』（大正13＝1924年～）の評価が芳しくなかったため、第2期の唱歌集では、園山ら、南満洲教育会教科書編集部の編集部員や現場の教師などが新たに、数多くの満州唱歌を作ったことは前に書いた。

知名度では比べるべくもない彼らの作品が満州っ子に愛された理由は「郷土色あふれる唱歌」だったからである。現地のお正月やお祭りに登場するコミカルな踊りを歌った『たかあし（高脚）をどり』、子供たちが大好きだった地元のお祭り『娘々祭』、満州っ子には欠かせないスケートの『リンク』……。見たこともない景色を歌った内地の唱歌を歌うのに比べて、どれほど楽しかったことか。

教科書編集部員で、後には児童文学者としても活躍した石森延男は園山の作品集に寄せた一文でこう書いている。

〈園山民平さん　もしあなたがあのころ（教科書編集部に）いなかったら、満洲の草も木もロバも娘々祭もコウリャンも豚も――これほどあざやかにわたしたちの心に残ってはいないだろう。（略）あなたの作られた曲をうたうと、遠く離れてしまった満洲のあの自然があの四季があの遊びが生き生きと眼に見えてくるからありがたい〉（『園山民平作曲集』謙光社）

園山は、女学校向けにもたくさんの唱歌を書いた。大連のすべての女学校が集まる『五月祭』、女学校版の『娘々祭』などだ。また、唱歌を作るだけでなく、大連の学校で音楽の授業を受け持ったほか、自ら音楽学校を経営し、ピアノの指導にも熱心だった。

当時、大連の女学校に在籍していた船橋夏江は、園山に音楽を教わった教え子のひとりだ。「大連運動場で毎年開かれた『五月祭』が懐かしい。そのときは園山先生作曲のこの歌を歌って踊ったものですよ。園山先生はとても熱心な先生で、中国の言葉を織り込んだ歌まで作り、その発音をよく中国人の生徒に確かめていらっしゃったのを覚えています」満州の、特に大連などの都市部では内地より、生活レベルも教育レベルもずっと高かった、という話がある。

家には水洗便所や電話があり、女の子がいる家庭はこぞってピアノを習わせた。教育熱は高く、陸軍士官学校など難関校の合格率も内地の名門校を上回る中学校（旧制）が珍しくなかった。修学旅行で初めて内地を訪れた満州生まれの子供たちは、「決して豊かに見えない生活」に驚いたという。

当初、満州経営の主体となった満鉄の初代総裁、後藤新平は、その経営方針を「文装的武備」という言葉で表した。荒野であった満州の文明化、都市化に力を注ぎ、有事に備える基盤を作れ——といった趣旨であろう。満州唱歌に「シャタク」という歌詞が出てくるが、それは満鉄が社員のために建設した近代的な社宅のことだ。多くの日本人が住む鉄道付属地では、学校を経営するのも満鉄であり、教師もまた満鉄社員である。

日本人児童に対する満鉄の教育は、徹底した「現地適応主義」だった。中国語教育を推進し、内地とは違う現地の事情に即した独自の教科書を作った。満州唱歌もその一環である。満鉄学務課長として中心的な役割を果たした保々《ほぼ》隆矣《たかし》（1883〜1960年）は、こう書き残している。〈(内地では)国定教科書制度を採用しているから、北海道の児童も琉球(沖縄)の子どもも同一時季に同一の事柄を教えられているが、自然の風物は相違しているから、児童には不可解な事実に対する努力に倦怠《けんたい》の色が見える〉と。

保々はスポーツも奨励した。スケートや水泳である。寒冷地である満州では冬季になれば、水をまいておいた校庭が、翌朝、スケートリンクに早変わりする。当時からプールを備えている学校も珍しくなかった。

ところで、満州唱歌と、台湾や朝鮮の唱歌とでは、違いがある。台湾などで作られた独自の唱歌が主に、現地人児童を対象としたのに対し、満州唱歌が主として現地に住む日本人児童を対象に作られたことだ。

つまり、いずれは内地に戻るのではなく、満州経営の主体となり、この地に「骨を埋めてもらう」。そのためには、満州への郷土愛を持ってもらわねばならない。満州唱歌は郷土愛を育む役割も担っていた。まさに「現地適応主義」である。

ところが、こうした自由でユニークな「満鉄の教育」も昭和12(1937)年、満洲国への鉄道付属地(約5億2500万平方メートル)の行政権移譲によって終わりを告げる。

独自の教科書を発行してきた南満洲教育会教科書編集部は、満洲国日本大使館教務部と関東局（関東庁の後身）の共同経営となり、名称も在満日本教育会教科書編集部と変わった。同時に内地の意向が強くなり「満州色」は薄れてゆく。17年に『ウタノホン』が導入されるとさらにその傾向は強まった。

大正13（1924）年に最初の『満洲唱歌集』が作られてから終戦まで、満州唱歌の寿命はわずか約20年しかない。この間、作られた独自の唱歌は100曲以上。満州唱歌は、サクラのようにパッと花を咲かせ、短い命を散らせたのである。

多くの満州唱歌を作った園山は戦後、かつて教鞭をとった宮崎に引き揚げ、宮崎民謡の集録に力を注ぐ。死後に作品集ができたとき、かつての同僚、石森はこう懐かしんだ。「園山流のリズムにひたりつつ、はるか国境を越えた満州の天地に飛翔《ひしょう》して遊びたいと思う」

『わたしたち』

1　寒い北風　吹いたとて
おぢけるやうな子どもぢゃないよ
まんしうそだちの　わたしたち

2　それに雪さへ　降ったとて

たまげるやうな子どもぢゃないよ
まんしうそだちの　わたしたち

園山民平（そのやま・みんぺい）
明治20（1887）年、島根県出身。東京音楽学校師範科卒。沖縄、宮崎で教員を務めた後、大正11（1922）年、大連へ渡り、南満洲教育会教科書編集部員として、『満洲唱歌集』などの編纂を担当する。自らも多くの満洲唱歌を作曲した。昭和30（1955）年、67歳で死去。

京城師範が作った〝幻の唱歌集〟

〈明、小生も満四十と相成り候。早、不惑に至るも尚、惑《まどい》多く、いつ解脱《げだつ》致し得るものにや。病床に在りては美女に解脱を頼むことも出来申さず、徒《いたづら》に青息吐息の態《てい》。御笑い下され〉

大正15（1926）年6月、作曲家の山田耕筰が40歳の誕生日の前日に、当時の三木楽

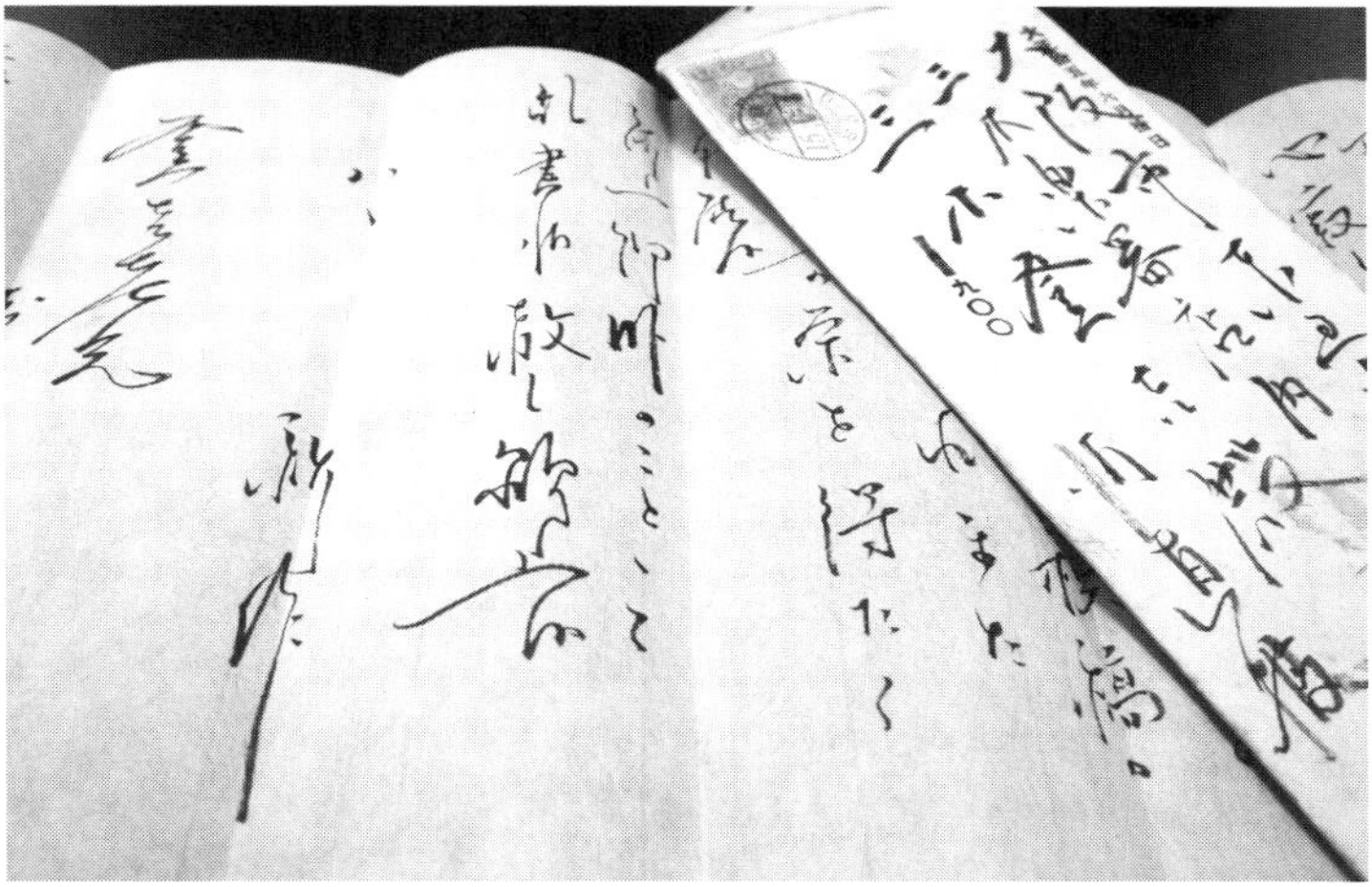

大正15年、山田耕筰が三木佐助に宛てた手紙（三木楽器提供）

器社長・4代目三木佐助（本名・登吉、1852～1926年）に宛てた手紙が大阪市の同社に残されている。

度重なる女性スキャンダルで世間を騒がせ、自ら設立した日本交響楽協会の運営などで経済的にも苦境に立たされていた耕筰は、過労が原因で約2カ月も寝込んでしまう。耕筰のよき理解者であり、支援者でもあった三木への手紙は決まって、借金の申し込みであった。

この手紙の中で耕筰は、大正12（1923）年に三木楽器（開成館）から出版した『小学生の歌』（1～4巻）の修正について触れている。〈『小学生の歌』病中を幸い、加筆訂正。（略）是《これ》ならば、どこへ出しても恥ずかしくはあるまいと愚考致し居り候〉というくだりだ。

『小学生の歌』については、前に少しだけ書いた。耕筰の関係者ですら詳しく知らない『五月雨』『冬の朝』『水車』『けむり』『郵便函』の5つの歌（すべて耕筰作曲、三木露風作詞）が収録されており、後に、日本統治下の朝鮮・京城師範学校音楽教育研究会編纂・発行の唱歌集に転載されたという話である。

三木楽器の創業は、江戸期の文政8（1825）年、貸本屋「河内屋佐助」としてである。貸本屋から出版業、さらには楽器販売に乗り出し、明治33（1900）年に出版した『鉄道唱歌』の大ヒットによって財をなしたこともすでに書いた。

同社・中興の祖である4代目三木佐助と、耕筰との関係は深い。経済的な支援に加えて、耕筰の作品集を数多く出版。当時、大阪の本社内にあった三木ホールに耕筰をたびたび招いて、音楽会や講習会も開催した。耕筰にとっても佐助は年の離れた〝頼れる兄貴〟のようだったらしい。同社に残された80通を超える手紙の中で、耕筰は仕事の話はもちろん、生活上の不平不満や愚痴、果ては仲人の依頼までしている。

三木楽器7代目社長、三木佐知彦は「まだ耕筰先生が広く世に出る前の時代で、（4代目佐助は）いろんな形で援助をしていたようです。自身に音楽的素養はなかったが、『よい音楽を世に広めたい』という情熱は人一倍強かった。『これは売れる』という勘も鋭かったようですね」。

5つの歌が収められた『小学生の歌』は、佐助が耕筰と露風に依頼し、大正12年8月に1～4巻が、そして昭和2（1927）年に5、6巻が発刊されている。当時、大阪を中心とした関西の小学校で、副教材として使われたとみられるが、日本国内では全国的に流布した形跡はない（※三木露風の全集には収録）。

こうした事情もあって、先の5つの歌のうち、『山田耕筰作品資料目録』（昭和59＝1984年）に掲載されているのは『冬の朝』だけで、著作権を管理する日本楽劇協会にも記録はない。耕筰の養女で同会理事長の山田浩子はいう。「いろいろと調べてみたが、後に朝鮮の唱歌集に転載されたことを含めて詳しい経緯は分かりませんでした」

耕筰と佐助の絆《きずな》によって生まれたとも言える5つの歌はなぜ朝鮮に渡ったのだろうか。

その前に、その唱歌集を発行した京城師範学校に触れておく必要があるだろう。同校は日本統治下の大正10（1921）年、朝鮮・京城（現・韓国ソウル）に設立されている。朝鮮内の小学校（主に日本人児童）、普通学校（朝鮮人児童）などの教員養成はもちろん、教育行政や教材発行についても、大きな役割を果たした。

元・安田生命（現・明治安田生命）専務で、同校の同窓会「醇和会《じゆんな》」の最後の会長を務めた青木新《はじめ》＝昭和10（1935）年入学＝は「入学試験の競争倍率は極めて高く、とりわけ朝鮮人生徒は全土から、よりすぐりの秀才が集まってくる。学問よりも人格形成、徳育重視が教育方針の学校でしたね」。

同校はスポーツ、文化といった部（課外）活動も活発だった。特に戦前の全国大会で、3連覇を果たしたラグビー部の活躍は有名である。音楽部にあたる音楽教育研究会（ワグネル・ソサイエティ）は、大正14（1925）年に設立された。島根大学准教授の藤井浩基《こうき》（音楽教育）によれば、活動を主導していたのは京城師範学校の音楽教員であった五十嵐悌三《ていさぶ》郎《ろう》や吉澤實《みのる》である。

昭和7（1932）年、同会は独自の唱歌集作りに乗り出す。耕筰・露風コンビによる5つの歌が収録された『初等唱歌』だ。その目的について吉澤は当時の教育雑誌でこう述べている。〈内地と事情を異にする関係より朝鮮向《むけ》唱歌集の刊行は急務なるとせり。（略）郷土に即し朝鮮特有の情緒・風景・人物・史実等郷土的関係材料の作詞、作曲を願ひ〉（藤井浩基「京城師範学校における音楽教育（Ⅰ）」『北東アジア文化研究』）

吉澤は同じ文章の中で〈（日本の）作曲家協会より数千の歌曲版権を譲り得た〉と書いて

いるから、おそらく、その中に耕筰・露風コンビによる5つの歌も含まれていたのだろう。日本統治時代の唱歌に詳しい韓国の研究者は「いい歌ばかりでしたよ。面白いのは、5つの歌の曲も歌詞も（耕筰ら）東洋人が作ったようには思えないことですね」。

現地の子供たちが楽しんで歌える理想の唱歌集を目指した京城師範の教員らは〝めがねにかなった〟内地の唱歌を入れたほか、自らが作詞、作曲した『李退渓』（李朝時代の著名な儒学者）や『高麗焼白磁壺《こうらいやきはくじつぼ》』など、郷土色豊かな唱歌を数多く収録。詞の一般公募もしている。

これは、時代背景と無関係ではない。後で詳しく触れるが、この時期の朝鮮統治は、当初の「武断政治」から、融和を前面に打ち出した「文化政治」に大きく舵《かじ》が切られていた。朝鮮総督府が編纂・発行する公式の唱歌集でも、公募制が導入され、朝鮮特有の情緒・風景・人物・史実を盛り込んだ「独自の唱歌」が大幅に取り入れられている。

京城師範の教員の熱意によって生まれた『初等唱歌』は同校で学び、小学校や普通学校に赴任した教員によって、唱歌の授業の副教材として使われた。「郷土色が豊かな曲は、現地の子供たちにも愛されたでしょうね」と研究者はいう。

ところが、それから10年もしないうちに、皇民化教育の流れが強まり、京城師範の教員らも「いや応なくその流れに巻き込まれてゆく」（藤井）。戦後になると、日本時代の唱歌は存在すらタブー視され、長く封印されてしまうのである。

ハングルの唱歌もあった〝お人よし統治〟

平成22（2010）年8月、日韓併合100年に合わせて菅直人首相（当時）の談話（菅談話）が発表されたとき、仙谷由人官房長官（同）は記者会見で日韓併合について「植民地支配の過酷さは言葉を奪い、文化を奪い、韓国の方々に言わせれば土地を奪うという実態もあった」と述べ、波紋を広げた。

もとより、統治した側と、された側が共通の歴史観を持つことなど不可能に近い。それを承知で言うが、日本は朝鮮統治において、鉄道を敷き、鉱工業を興し、学校を建て、「近代化」に大きく貢献した。生活が豊かになって人口は倍増し、識字率も大きく向上したことは紛れもない「事実」である。

とりわけ、現在の北朝鮮の地域には、東洋一の規模をうたわれた水力発電の水豊ダム、その電力を利用した巨大なコンビナート・興南工場、さらには鉄鉱石鉱山、炭鉱などが集中していた。北朝鮮が戦後の一定の時期まで工業力において韓国をリードできたのも、こうした日本時代の遺産を〝居抜き〟でせしめたからに他ならない（北朝鮮はそれを重油などと引き換えに〝切り売り〟し、現在は権利の一部を中国がもっている）。

仙谷元官房長官が言う「言葉を奪った」についてはどうか。植民地教育である以上、「同化」を目的にした日本語化が進められたのは仕方がない。しかし、朝鮮人児童が通った普通学校などにおいて、日本語能力の問題もあっただろうが、朝鮮語の教科は昭和13（1938）年まで必修科目であったし、16年までは随意科目として残っていた。さらに家庭では普通に朝鮮語が使われていたのである。

唱歌の例を見てみよう。これまで日本統治時代の台湾や日本が影響力を持っていた満州で作られた独自の唱歌について書いてきた。台湾では「台湾語による唱歌を作るべきだ」という意見があったものの、結局、実現していない。満州唱歌は、歌詞の一部に現地の言葉を使う例があったにとどまっている。

ところが、日本統治時代の朝鮮ではハングル表記の朝鮮語による唱歌が多数作られているのだ。「保護国」時代の明治43（1910）年、韓国統監府の監督の下、韓国学府が編纂・

発行した『普通教育唱歌集　第一輯《しゅう》』は27曲すべてが朝鮮語（主に内地の唱歌を翻訳したもの）。また、大正３（１９１４）年発行の朝鮮総督府による『新編唱歌集』（全41曲）にも、６曲の朝鮮語の唱歌（翻訳）が収録されている。

さらに、融和が前面に打ち出された「文化政治」期の大正15（１９２６）年に、やはり朝鮮総督府から出された『普通学校補充唱歌集』は全60曲中、朝鮮語歌詞の歌が22曲もある。これらの曲には、内地の唱歌の翻訳ではなく、公募によって新たに作られた「独自の唱歌」が目立つ。朝鮮人児童作の詞も数多く採用されたから、現地の景観や風俗、歴史などが盛り込まれた郷土色豊かな内容が多い。

〝親日的〟といわれる台湾でも１９３０年代に公募による唱歌集が作られたが、こちらはほとんどが日本人の作である。これだけを見ても、日本がどれだけ朝鮮語に「配慮」していたのが分かるではないか。

拓殖大学客員教授の藤岡信勝はかつて産経新聞紙上で〈韓国人が使っている文字、ハングルを学校教育に導入して教えたのは、ほかならぬ日本の朝鮮総督府なのである〉（平成22年８月18日付「正論」など）と指摘したが、ハングルで書かれた朝鮮語の唱歌もまた、普及に貢献したのである。

台湾は「親日」、朝鮮は「反日」という決めつけも、あまりに一面的であろう。統治初期の大正8（1919）年に起きた「三・一運動」に代表される激しい抗日・反日の動きは、中期以降には沈静化している。少なくとも一般市民レベルでこうした感情が噴出することはまれであった。

朝鮮南部の豊かな両班（ヤンバン＝貴族階級）の家に生まれ、後に、北朝鮮へわたってヨーロッパ部長などを務めた（後に脱北）朴甲東《パクカプドン》はこう話す。

「子供の頃は、日本への反発心なんてなかった。（統治体制が）当たり前のことだと思っていたからね。勉強を頑張り、優等生になることしか考えていなかった。僕が『反日』になったのは留学で日本へきてからですよ（苦笑）」

「武」より「文」を重んじる儒教の影響が強い朝鮮では教師が尊敬された。朴も普通学校（小学校に相当）時代の担任だった「井上」という名の先生のことを今でも覚えている。「大阪から（朝鮮に）赴任してきた若い男の先生でね。野球が得意だった。よくかわいがってもらったなぁ」と懐かしそうだ。

『日本統治時代を肯定的に理解する』（草思社）を書いた朴贊雄《パクチャンウン》（平成18＝2006年死去）は、こうつづっている。〈当時の朝鮮人は日本人に対して、尊敬はしないものの、軽蔑や敵愾《てきがい》心《しん》は殆《ほとん》どなかった〉と前置きした上で〈今の若い連中は『当時の朝鮮人は皆、日本を敵国と見なし、ことあるごとに命を投げ出して独立運動をした』という自己陶酔的な瞑想《めいそう》に耽《ふけ》っているが、これはウソである〉と。そして、やはり日本人教師との良き思い出を著書の中で書いた。

もちろん、何にでも例外はある。朝鮮人を蔑視し、差別した日本人教師もいたであろう。だが多くの教師は、先に紹介した「理想の唱歌集」作成に取り組んだ京城師範の教師らのように、高い志と情熱を持って、海を渡ってきた。これは台湾や満州と変わりはない。

園田恒明の父・竹次郎もこうした教師の一人である。昭和9（1934）年に朝鮮へ渡り、釜山、平壌、公州の女学校や師範学校で教師を務めた。

「父は日本人と朝鮮人を平等に扱い、絶対に差別しなかった。『人間として大切にしなさい』と教えられたものです。だから、戦後、父とともに韓国を訪問したときには、多くの元教え子が集まって、歓迎会を開いてくれました」

戦時中、公州の国民学校（小学校）に通った園田は、学校で習った朝鮮独自の唱歌をいくつか覚えている。『九勇士』『山本五十六元帥の歌』というタイトルの歌だ。すでに内地、外地を問わず、皇民化教育が強まっていたころで、こうした戦意高揚を目的とした軍国調の唱歌も教師が作ったという。

だが戦後の韓国では、『九勇士』『山本五十六元帥の歌』といった軍国調の曲はもちろん、朝鮮人児童が公募に応じて作った郷土色豊かな唱歌も、日本時代のものは公式上、すべてタブー視され、封印された。

それだけではない。盧武鉉《ノムヒヨン》政権時代（２００３〜08年）に本格的に始まった、極めて政治色の強い「親日派追及」の中で日本時代に活躍した朝鮮人の音楽家らも、やり玉に挙げられた。戦前、朝鮮独立運動のシンボル的な歌として広く親しまれた『鳳仙花《ほうせんか》』の作曲者、洪蘭坡《ホンナンパ》（１８９７〜１９４１年）もそのひとりである。

日本統治時代に東京音楽学校に留学し、朝鮮初の管弦楽団を作った洪は、「文化政治」期を代表する音楽家であり、『鳳仙花』を原曲とする『子守唄』は、昭和10（１９３５）年に京城師範が発行した唱歌集『初等唱歌』第六学年用に収録された。こうした〝業績〟が後に「親日派」として糾弾されることになるのである。

洪だけではない。日本統治時代に活躍した名テノール歌手、永田絃次郎《げんじろう》（本名・金永吉《キムヨンギル》）も、「半島の舞姫」と称えられた舞踊家の崔承喜《チェスンヒ》もしかりである。今頃になって「日本時代のこと」が問われるとは、泉下にある彼らにとっては心外であろう。少なくとも作品に罪はないのである。

朝鮮の偉人や名所・旧跡まで歌に

大正15（1926）年に朝鮮総督府が編纂・発行した『普通学校補充唱歌集』（全60曲）は、その前後の朝鮮の唱歌集だけではなく、同じように日本が統治した時代の台湾や、強い影響力を持っていた満州で作られた唱歌集と比べても、「特異な性格」を持っている。

朝鮮人児童が通う普通学校用に作られたこの唱歌集は、日本語能力が高くない低学年を中心に「朝鮮語の歌詞の歌」が全体の3分の1強にあたる22曲も収録されている。さらには、歌詞の公募が行われ、約半数の29曲で採用された。作詞者の中には、朝鮮人児童も多く含まれていたことは、前に書いた通りである。

公募によって採用された歌を詳しく見てみよう。

『白頭山』は中朝国境にある朝鮮の最高峰で民族誕生の神話の舞台となった聖なる山。『成三問』はハングルの制定に貢献した李氏朝鮮時代の学者・政治家の名である。『昔脱解』

は日本とつながりが深い新羅第４代の王。この曲の作曲者は日本統治時代の台湾で多くの独自の唱歌を作った一條愼三郎だ。

歴史に名を残す旧都を描いた歌も多い。『鶏林』は現在の韓国・慶州（新羅時代の都）に

朝鮮総督府発行『普通学校補充唱歌集』

は朝鮮語　◎は公募による

第一学年用		
1	トンボ	
2	ブランコ	
3	子リス	
4	ギイッコンバッタン	
5	月	
6	凧	
7	咲いた咲いた	
8	雁	
9	うさぎとかめ	
10	独楽回し	

第二学年用		
1	山にぽっつり	
2	馬と月	◎
3	ぶらんこ	◎
4	牛飼い	◎
5	育つ	◎
6	蝶	
7	登校	◎
8	水車	
9	とせ遊び	◎
10	あられと鶏	◎

第三学年用		
1	春のわらい	
2	四十雀	
3	石工	
4	雉子うちじいさん	
5	お髭の長いおじいさん	◎
6	運動会	
7	物言う亀	
8	山菜摘み	◎
9	学びの海	◎
10	四時景概歌	◎

第四学年用		
1	美しい角	
2	甕	◎
3	きぬた	◎
4	牡丹台	
5	長煙管	◎
6	朝日・夕日	◎
7	凧	◎
8	釜山港	
9	行けども	
10	白頭山	◎

第五学年用		
1	鶏林	◎
2	がちの巣	◎
3	高麗の旧都	◎
4	木うえ	
5	鄭民赫	
6	燕	
7	鴨緑江	
8	遅刻しないで	◎
9	放学の作別	
10	余業の滋味	◎

第六学年用		
1	ぱかちの船	◎
2	野辺の秋	◎
3	百済の旧都	◎
4	成三問	◎
5	ぽぷら	◎
6	昔脱解	◎
7	京城	
8	女子の務	
9	金剛山	
10	冬季遠足	◎

残る新羅の王の生誕の地。さらには、高麗時代の都・開城（現・北朝鮮）を歌った『高麗の旧都』や、同じく百済時代の都・扶余（現・韓国）をテーマにした『百済の旧都』もある。

このほか、公募による歌詞ではないが、中朝国境を流れる大河『鴨緑江』や、朝鮮随一の名山として親しまれた『金剛山』。日本への玄関口である『釜山港』は、日本の唱歌『港』（吉田信太作曲）のメロディーを借りたものである。

歴史上の人物・地名、名勝、自然。いずれも、朝鮮民族として誇り高く愛着をもって歌える歌詞ばかりだ。郷土色が極めて強く、低学年用では子供たちの遊びを題材にした歌も多い。対照的に、学校行事などで歌ういわゆる儀式唱歌、皇民化政策や国威発揚につながるような歌はまったく入っていない。

作曲者の多くは公表されていないが、当時の東京音楽学校の関係者などに依頼されたとみられている。

こうした傾向は、『普通学校補充唱歌集』の6年後の昭和7（1932）年以降、京城師範学校音楽教育研究会によって順次、編纂・発行された『初等唱歌』にも見られる。

新羅時代に華厳宗を創設した僧をテーマにした『新羅の法師義湘』、李氏朝鮮時代の代表的な儒学者である『李退渓』、『南大門の鐘』『高麗《こうらい》焼《やき》白《はく》磁《じ》壺《つぼ》』などの歌がそうだ。これらの歌は、五十嵐悌三郎など、京城師範の音楽、国語教員らが自ら作詞、作曲したことも、すでに触れた通りである。

島根大の藤井浩基の論文「朝鮮における五十嵐悌三郎の音楽教育活動」（『北東アジア文化研究』）によれば、五十嵐は1926年発行の朝鮮の教育雑誌の中で、北原白秋の詞に曲をつけた『祭の笛』、斉藤正一作詞の『夕のうた』『水車』といった曲も発表していたというから、同じ年の発行である『普通学校補充唱歌集』の編纂作業にも関わっていた可能性は高い。

これらの唱歌を「朝鮮総督府唱歌」と呼んでいる韓国芸術総合学校音楽院の音楽学科長、閔庚燦は「朝鮮総督府が文部省唱歌をまねて作ったもので、作曲者はすべて日本人だった（つまり、実質上は日本の唱歌）」と指摘した上で、「郷土の題材を広く取り入れたのは、（日本の朝鮮統治が）『文化政治の時代』に入り、現地の子供たちの心に合う歌を作れ、という方針が下されていたからだろう」と話す。

では「文化政治」とは何だったのだろうか。大正8（1919）年3月1日に起きた朝鮮人による大規模な抗日運動「三・一独立運動」をきっかけに、日本は朝鮮統治政策を、それまでの「武断政治」から、融和を前面に打ち出した「文化政治」に変えていく。同年

8月、第3代朝鮮総督に就任した斎藤実《まこと》は、憲兵警察制度の廃止や、新聞発行制限の緩和、大学教育の復活などを打ち出し、同時に芸術・文化を奨励した。

朝鮮の歴史や文化、自然を最大限に取り入れた『普通学校補充唱歌集』は、こうした時代に作られた。同時期に起きた大正デモクラシーと呼ばれる民主的な風潮や、それに伴う自由教育運動、童謡運動の影響もあったに違いない。台湾でも昭和9（1934）年以降、台湾総督府が発行した『公学校唱歌』集（第2期）において、同じように公募による郷土色あふれた内容の独自の唱歌が大幅に取り入れられたのである。

島根大の藤井によれば、文化政治への転換で〈音楽の奨励によって、朝鮮の音楽界はにわかに活況を呈するようになる。特に、朝鮮総督府の機関新聞『京城日報』は文化事業も手がけ、日本人音楽家（作曲家の中山晋平ら）を招聘《しょうへい》して音楽会を多数開催した〉（「植民地期朝鮮における官立音楽学校設置構想」『音楽教育学の未来』）。さらには当時、朝鮮総督府政務総監、水野錬太郎らによって、朝鮮に官立の音楽学校を設立する構想まで進められていたという。

ただ、こうした「時代」は長くは続かない。昭和12（1937）年の日中戦争の勃発以降、朝鮮の教育も内地と同じく、皇民化政策へ、と大きく舵を切ることになる。昭和13（1938）年の朝鮮教育令の改正に伴い、『君が代』や『紀元節』など儀式唱歌のみを収録した『みくにのうた』が別途設けられ、唱歌集も1年～6年別の『初等唱歌』に一新された。『初等唱歌』の緒言に〈本書ハソノ編纂ニ当リ、皇国臣民タルノ情操涵養《かんよう》ニ適切ナル唱歌ノ採択ニ留意セリ〉と書かれているように、『普通学校補充唱歌集』にあった郷土色豊かな歌やハングル表記の朝鮮語の歌はバッサリと斬り捨てられ、代わりに内地の唱歌や国威発揚につながる歌などが収録された。第四学年用には、昭和13年に陸軍省馬政課と農林省馬政局が公募し、日本で大ヒットした『愛馬進軍歌』も入っている。

「新作歌詞の公募」は継続されたものの、採用された多くは日本人児童であり、内容もまた、朝鮮の景物とは関係のない歌詞が多かった。

さらに昭和16（1941）年には朝鮮でも国民学校規程の公布が行われ、唱歌集も順次、『ウタノホン』、『初等音楽』に代わってゆく。その内容はもはや、内地の唱歌集とほとんど変わりはない。

この時期に朝鮮・公州の小学校で教師を務めていた武藤文《ふみ》は「記憶にあるのは内地の唱歌ばかり。軍国色が強い歌が多かったように思います。（『普通学校補充唱歌集』にあった）『金剛山』や『鴨緑江』の名は懐かしいが、残念ながら、朝鮮独自の唱歌を教えた記憶はありませんね」。同じ時期に海州や延安の小学校で教鞭をとった岡本文子もやはり「覚えているのは内地の唱歌だけ」だという。

戦後になると、こうした日本時代の歌がなおさら遠ざけられたのは言うまでもない。朝鮮人の子供たちによって作られ、親しみを込めて歌われたであろう郷土色豊かな朝鮮独自の唱歌は、わずか10年あまりの〝寿命〟でしかなかったのである。

外地の唱歌づくりは日本統治の真骨頂

作家の司馬遼太郎は日本の台湾統治についてこう書いている。
〈私は日本人だからつい日本びいきになるが、余分な富力を持たない当時の日本が──植民地を是認するわけではないにせよ──力のかぎりのことをやったのは認めていい。国内と同様、帝国大学を設け、教育機関を設け、水利工事をおこし、鉄道と郵便の制度を設けた〉（『街道をゆく　台湾紀行』）
この本に〝老台北〟として登場する蔡焜燦は、昭和10（1935）年に当時の清水公学校（小学校に相当）で課外学習用に使われた『綜合教育讀本』を復刻し、巻末に『これが植民地の学校だろうか』という一文を記した。〈読者諸兄姉に知って貰《もら》いたいのは、当時日本全国の小中学校、旧制高校以上の学校にも、我《わ》が清水公学校のようなソフトの設備のなかったことを述べたい〉とし、立派な校内有線放送の設備があったこと、放送のために400枚ものレコードが備えられていたことなどを誇らしげに振り返っている。

台湾だけではない。蔡と同世代で日本時代の朝鮮で少年時代を過ごした朴贊雄は『日本統治時代を肯定的に理解する』にこう書いた。

〈当時朝鮮は日本の植民地になったおかげで、文明開化が急速に進み、国民の生活水準がみるみるうちに向上した。学校が建ち、道路、橋梁《きょうりょう》、堤防、鉄道、電信、電話等が建設され、僕が小学校に入るころ(昭和8年)の京城(現・韓国ソウル)は、おちついた穏やかな文明国のカタチを一応整えていた。日本による植民地化は、朝鮮人の日常の生活になんら束縛や脅威を与えなかった〉

繰り返しになるが、統治した側とされた側が、同じ歴史観を共有することは不可能に近い。みんながみんな蔡や朴のように思っているわけではないだろうし、たとえ、日本人が「よかれ」と思ってやったことでも、〝された側〟にすれば「そんなこと頼んだ覚えはない。日本人さえやってこなければ、自分たちの力で、もっとうまくやれた」というかもしれない。

ただし、海を渡り新天地に向かった日本人の多くは誠実であり高い志を持って、仕事と〝まっすぐに〟向き合った。このことだけは間違いないと思う。

台湾、朝鮮、満州で郷土色豊かな「独自の唱歌」づくりに携わった教育官僚や教師たちが、まさしくそうであった。

もちろん、植民地教育である以上、「日本への同化」が大前提になっているのは否定しない。だが、同化だけが目的であるならば、何も独自の唱歌を作るという〝面倒な仕事〟をやらずとも、内地の唱歌をそのまま導入すれば済む。言葉は悪いが、「日本人になるのだから、日本の自然や風土を理解するのは当然だ」と〝押しつければ〟いいだけの話である。

実際、台湾でも朝鮮でも満州でも統治初期は内地と同じ唱歌を使っていたが、見たこともない「雪」や「サクラ」「村の鎮守の神様」を歌っても楽しいはずはない。最初に異議を唱えたのは現場の教師たちであった。「これ（内地の唱歌）では子供たちが楽しく歌えないではないか。郷土の動植物や歴史、名勝を織り込んだ独自の唱歌を作らねばならない」と。

そして、偉人の名（『李退渓』『成三問』＝以上朝鮮、『鄭成功』＝台湾）や旧跡（『鶏林』『百済の旧都』＝以上朝鮮、『赤嵌城』＝台湾）、名勝（『金剛山』『白頭山』＝以上朝鮮）、さらには現地の動植物、遊びなどを織り込んだ独自の唱歌を作ったのである。

いずれも、現地の子供たちが「民族の誇りと愛着を持って」歌える歌ばかりではないか。それどころか、「あなたたちは民族の歴史や先人の偉業を忘れてはいけないよ」と教えているようにさえ見える。

世界中を見渡しても、こんなことをやったのはおそらく日本以外にあるまい。植民地教育という制約の中で、子供たちの側に立ち、理想の唱歌集作りを目指した教育者たちの精神は尊い、と思う。まさしく、現地の人々と誠実に真摯《しんし》に向き合った日本の統治教育の真骨頂が独自の唱歌なのだ。

日本の教育者たちが台湾、朝鮮、満州で、花を開かせた世界でも類を見ない「独自の唱歌」の文化。だが、それは昭和12（1937）年に日中戦争が始まり、戦争が激しくなるにつれ、輝きを失っていく。

昭和16年4月の国民学校令の施行に伴い、小学校→国民学校となり、いわゆる皇民化政策に沿った教育が強化される。唱歌の教科は芸能科音楽と変わり、唱歌集も国威発揚や軍国色が強い『ウタノホン』が導入された。台湾、朝鮮、満州でも順次同様の措置が取られ、郷土色あふれる「独自の唱歌」の代わりに、内地とほとんど変わりがない唱歌が並ぶことになった。

昭和19年に、台湾の台北師範学校付属国民学校に入学した元台湾協会理事長、根井《ねい》洌《きよし》は「記憶にあるのは内地の文部省唱歌や軍歌ばかりですね。戦争が激しくなっていたころなので、音楽の授業自体も満足にあったのかどうか」と振り返る。

台湾では一時、「台湾語の唱歌を作るべきだ」という意見があったが、この案も戦争の激化によって消えてしまう。奈良教育大の劉麟玉は「台湾語の唱歌を作ることで、民族意識が高まることを恐れたのでしょう。唱歌教育にとっても日中戦争が大きな節目になりました」と指摘している。

戦後になると、日本時代の唱歌がなおさら遠ざけられた。劉の世代になると、台湾在住時に知っていたのは『ウタノホン』に残っていた『桃太郎』など、わずかな曲だけだ。韓国では、日本時代の歌は長く封印され、盧武鉉政権で本格的に始まった「親日派」追及の中で、当時活躍した多くの芸術家がやり玉に挙げられたのは、すでに書いた通りである。

満州からの引き揚げ者は〝侵略者の手先の子供〟などといわれなき差別を受けた。多くのメディアも、その時代に日本人がやったことを肯定的に触れる行為をタブー視してしまう。こうした中で「満州唱歌」は闇に葬られ、わずかに満州にあった学校の同窓会の場で歌い継がれてきたのだった。

ところが面白いことに、戦後の韓国や北朝鮮で、禁止されたはずの日本の唱歌や軍歌のメロディーなどが使われ、知らぬ間に別の曲になっているケースが少なくない。

韓国芸術総合学校音楽院の音楽学科長、閔庚燦の研究によれば、韓国で独立運動を象徴する国民歌謡のように愛唱された『学徒歌』は第3章でも触れたが、日本の『鉄道唱歌』の旋律を借りたものであり、韓国の教会の日曜学校で今も歌われている賛美歌のもと曲は日本の軍歌『勇敢なる水兵』である。また、北朝鮮の革命歌『朝鮮人民革命軍』の原曲は、やはり日本の軍歌の『日本海軍』。こうした「事実」は、韓国や北朝鮮ではほとんど知られていないという（『原典による近代唱歌集成』解説）。

こうした例は実は案外多い。ソプラノ歌手の藍川由美は、労働者の歌であるはずのメーデー歌『聞け万国の労働者』が、日本の軍歌『小楠公』が元になっていることを指摘している。良いメロディー、良い歌は、人為で封印しようとしても、時代や政治を超えて形を変えてでも、歌い継がれてゆく、ということであろうか。

ただ、日本が台湾、朝鮮、満州で作った独自の唱歌はぜひ「そのままの形」で次代へ残してほしい。その歌詞に、曲に、日本人教育者と現地の子供たちの笑顔と涙が詰まっていると思うからだ。

一部の識者やメディアの中には、日本統治時代の教育を戦争推進や皇民化政策の先兵のごとく論じる向きが依然、少なくない。そういう要素がなかったとは言わないが、その多くは戦争が激しくなる末期のことであり、〝ひとからげ〟に悪者扱いされたのではたまらない。

台湾、朝鮮、満州で作られた独自の唱歌は200曲を超えるだろう。それは日本人教育者たちの情熱と志が結晶した、日本人にとって誇れる先人の業績なのであるから。

思い出の歌よ永遠に

日本統治時代の台湾・台北市にあった旭尋常小学校の創立は明治30（1897）年6月、というから、台湾統治が始まってわずか2年後、台北で最も古い小学校である。

筆者は平成23（2011）年6月上旬、同校の同窓会に招かれた。参加者は十数人。昭和初期に小学校に通ったOB、OGだから年齢で言うと、87歳から88歳。学歴がなかなかすごい。東大、京大、九大、台北大（いずれも帝国大学時代）、陸軍士官学校……。その中に旧制の台北高校や京大で「李登輝さん（元台湾総統）と一緒だった」という人が何人かいた。

「『歴史に消えた唱歌』（本書のもとになる新聞連載）を毎週、楽しみにしていましたよ。赤レンガの総督府や昔の写真が紙面に出ていると懐かしくなってね」と、東京都世田谷区の黒川克《かつ》。「湾生《わんせい》」（台湾で生まれた日本人）たちの思い出話は杯を重ねるごとに熱く、いつまでも尽きることがない。「われわれには、やはり台湾が故郷なんですよ」

大阪府東大阪市の福島文子も同小に通った。「♪お年召したかガジュマルさん　長いおひげをだらり下げ〜と『ガジュマルさん』の歌はいまも歌えますよ。（紙面で見て）思わず口ずさんでしまいました。『ペタコ』も覚えています。今振り返れば、台北での生活はのんびりとして豊かで教育にも皆が熱心でしたね」

東京都葛飾区の廣繁喜代彦《ひろしげきよひこ》からは、その『ペタコ』に関するお便りが届いた。「ペタコ（白頭烏）は人を恐れず、人家近くの電線にも羽を休めていました。『ペー』は台湾語で『白』。『タッカー』は『頭』。つまり『ペータッカー』が日本人の発声で『ペタコ』になったのではないでしょうか。小学校の学芸会では必ず『ペタコ』の踊りの出し物があったなぁ」と懐かしそうだ。

台湾や朝鮮、満州の「独自の唱歌」が日本人教育者の情熱と高い志によって生まれたことは繰り返し書いてきた通りである。台湾で独自の唱歌を作った一條愼三郎や勝山文吾の思い出も寄せられた。

父親が台湾総督府の中央研究室林業部に勤めていた千葉県市川市の松浦緑は、昭和7（1932）年、台北第一師範学校付属小学校に入学する。「この学校はね、台湾という新天地で理想の教育を行うべく内地から優秀な教師ばかりが送り込まれたそうですよ」

『ガジュマルさん』の作曲者である勝山は同校で音楽（唱歌）を教えていた。「（勝山作曲の歌は）『轎《きよう》』（台湾人が嫁入りのときに乗る輿《こし》）や『ジャンク』（現地で見られた帆船）も覚えていますよ。当時、台北放送局（JFAK）では毎日夕方に、『うたのおけいこ』という番組があり、『ガジュマルさん』などを歌の上手な子供たちが歌い、勝山先生はピアノの伴奏をなさっていましたね」

松浦はまた、多くの独自の唱歌を作った一條の娘・春枝と友達だった。「『ハーちゃん』と呼んでいた春枝さんが1級上でね。当時、一條先生は師範学校の教師で宿舎によく遊びに行ったものです」

東京都東久留米市の鈴木絢子《あやこ》も同小の出身で、やはり勝山氏に習った。

「小学校高学年のころ、勝山先生からクラス全員に『台湾独自のものを題材に歌詞を作りなさい』と課題が出されましてね。私も何やら作ったのは覚えていますが、どんな歌詞だったのやら。そのうちの何曲かは、勝山先生が曲をつけて唱歌になったと思います。学校の音楽室にはグランドピアノとオルガンがあり、勝山先生から毎週1回放課後にオルガンの手ほどきをしてもらったのが懐かしい」

便りは遠く台湾からも。新北市の劉添根は、終戦まで国民学校に通った。「六十数年前の記憶をたどりながら」と思い出の歌として『白鷺《しらさぎ》』や『牛車』を挙げた。大正13（1924）年生まれで、台湾の公学校に通った在日華僑、大阪市淀川区の曹源興は「週1回、唱歌の授業があり、先生がオルガンを弾きながら歌を教えてくれました。最初に習った唱歌は『日の丸の旗』でしたね」。

満州出身者の学校や都市の同窓会は会員の高齢化に伴い、近年解散の便りを聞くことが多い。こうした中で、露天掘りの炭鉱で知られた撫順《ぶじゅん》出身者らで作る「撫順会」事務局の栃木県下野市、濱地《はまち》勝太郎から「(平成23年) 5月に年1回の例大会を開催し、125人が集まりました。最後には恒例の『わたしたち』と『満鉄社歌』を歌いました」とうれしい手紙が届いた。

昭和12（1937）年から4年間、大連の大広場小学校に通った神奈川県大和市の末次令二郎は、産経新聞の記事を見て、いまだに同校の同窓会が活発に活動していることを知り、平成17（2005）年、メンバーに加わった。とりわけ同級生たちが別途「ポプラ会」を作っており、「年2回、30～40人が集まって、旅行をしたり、皆で満州唱歌を歌ったりしたのが楽しく懐かしい思い出（現在は解散）」という。

満州生まれの〝満州っ子〟にとってテーマソングともいえる『わたしたち』は特別な思いが込められた歌のようだ。

大阪府高槻市の斎藤喜美代は終戦時、中朝国境に近い満洲国間島《かんとう》省の国民学校の3年生。日ソ中立条約を一方的に破って突然、侵攻してきたソ連軍から命からがら逃げてきた恐怖の体験がいまも消えない。

「何十年かぶりに『わたしたち』を歌い、当時の思い出が甦《よみがえ》ってきて涙があふれました。父が勤務する会社の社宅の片隅に銭湯があり、そこで『わたしたち』をよく歌ったものです。日本に引き揚げてからも冬の寒い日に口ずさんだものです」

一方、奉天（現・中国瀋陽）の千代田小学校出身の横浜市磯子区、北原雅以《まさい》からは質問が。

「終戦後、母校はソ連軍に接収され、移った先の学校も北満からの難民収容所に。それからは、空きビルや個人の家、お寺などを借りての寺子屋学校。ピアノも楽譜もないなかで、中島和世先生が教えてくれた歌があった」という。

歌詞は♪朧《おぼろ》島影　ささやく小波　春の望みを光に乗せて　明日うららに明けて行く――。

「題名も作曲者も分かりませんが、皆で大声で歌ったその旋律はいまもはっきりと覚えており、あの時の情景とともに懐かしく思い出されます。どなたかこの歌を知りませんか？」

日本統治下の朝鮮にあった京城師範の教師たちは「理想の唱歌集」作りを目指して、自らも朝鮮の歴史や風土を織り込んだ独自の唱歌を作った。

長野県諏訪市の行田敏一《ぎょうだとしいち》は同校に昭和12年入学。ブラスバンドでクラリネットを吹いていた。「僕らの代は3分の1が朝鮮人生徒。仲良くやっていたねぇ。反日？　心の中にはあったのかもしれないが、少なくともそうした感情を表に出す同級生はいなかった。儒教の影響もあって、みんなすごく先生を尊敬していましたよ」

東京都練馬区の深尾淑子は、京城師範付属小学校時代、朝鮮独自の唱歌『鶏林』を歌ったことを覚えている。京城師範の教員を務め、独自の唱歌を数多く作った五十嵐悌三郎の次女、重子とは同級生だったという。

「(『鶏林』は)音楽の授業で習いました。新羅の国を歌った歌詞で、メロディーを覚え、よく口ずさんだものです。当時の朝鮮の状況は、記事にあった通り(反日ではなかった)だと思いますが、歴史というものは難しいですね」

京都市伏見区の金東春からは、平成23年当時で95歳の母親の朴文禮が、日本時代の朝鮮の小学校(普通学校)で習った『案山子《かかし》』の思い出話が寄せられた。「『案山子』は1年生のときに日本人の先生に習ったそうです。今ではベッドに寝たきりで言葉も発しない母に『案山子』を歌ってあげると、『○○小学校万歳』と声を上げるではありませんか。私も一度、母の思い出の母校を訪ねてみたいと思っています」

産経新聞連載中、多くの読者からお便りやファクス、メールをいただいた。それを読みながら、「歌の力」の大きさを感じるとともに、植民地の教育に真摯に取り組んだ日本人の姿が目に浮かんだ。

第6章　100年先まで歌い継ぎたい

正月定番『一月一日《いちげついちじつ》』の意外なルーツ

正月の定番テレビ番組にフジテレビ系で放送されていた「新春かくし芸大会」がある。人気スターやお笑い芸人が披露するとっておきの隠し芸を、こたつに入りながら家族一緒に楽しむのが、昭和の時代のわが家の恒例だった。

その番組のオープニングに流されていたのが、♪年の始めの例《ためし》とて～で始まる『一月《いちげつ》一日《いちじつ》』という歌だ。題名は知らずとも歌詞やメロディーは知っているという人も多いだろう。

この歌の成立は相当に古い。今から130年近く昔の明治26（1893）年、文部省（当時）が学校行事や式典で歌う儀式唱歌を告示した「祝日大祭日歌詞 並《ならびに》 楽譜」の8曲のうちのひとつである。

作詞は、出雲大社の宮司・第80代の出雲国造で、司法大臣などを務めた千家尊福《せんげたかとみ》。作曲は、東京音楽学校教授、宮内省（当時）雅楽部楽長を歴任した上真行《うえさねみち》だ。

「祝日大祭日歌詞並楽譜」には『一月一日』の他に『勅語奉答』▽『新嘗祭《にいなめさい》』▽『神嘗《かんなめ》

祭《さい》』▽『天長節』▽『紀元節』▽『元始祭』の6曲、そして『君が代』の計8曲が入っていた。昭和の初めには『明治節』も加えられる。

天長節は明治天皇の誕生日（後に大正、昭和天皇の誕生日。明治天皇の誕生日は「明治節」に）、紀元節は神武天皇の即位日である。これらの日の子供たちは学校へ登校し儀式唱歌を歌って祝ったのだ。

ちなみに、明治節は現在の「文化の日」（11月3日）▽紀元節は「建国記念の日」（2月11日）▽天長節（天皇誕生日）は令和になって2月23日となった。名称は変われど、祝日に変わりはない。

8曲の作曲者は、上や奥好義ら雅楽の系統が多い。『勅語奉答』の作詞は、あの勝安芳（海舟《かいしゅう》）、作曲は『夏は来ぬ』の小山作之助。『紀元節』は〝唱歌の父〟で、『小学唱歌』などを編んだ伊沢修二が作曲を行っている。

これらの儀式唱歌は、特に戦時下の国定教科書（唱歌集）で重視の方針が打ち出される。中・高学年用の『初等科音楽』では『君が代』『一月一日』『勅語奉答』『紀元節』など6曲（学年によっては『明治天皇御製《ぎょせい》』も）が冒頭、「別置」の形で掲載された。

そのころ、小（国民）学校に通った人によれば、元旦（1月1日）▽紀元節（2月11日）▽

天長節（4月29日）▽明治節（11月3日）を四大節《しだいせつ》と呼び、必ず登校して儀式に参加した。校長先生らが教育勅語を読み上げ、それぞれの日に合わせた歌（元旦の場合は『一月一日』）を皆で歌い、お菓子などをもらって下校したという。

これらの儀式唱歌は格調高く情緒があるが、歌詞が文語体でいかめしいのも事実だ。『一月一日』は比較的、歌詞が分かりやすく、メロディーも軽やか。特に1番では、日本の伝統的な新年の様子が描写され、ハレの気分をかき立ててくれる。当時の子供たちも楽しんで歌えたに違いない。

だが、終戦後はＧＨＱが軍国主義や神道に関する歌などを排除する方針を打ち出したため、儀式唱歌も〝ひとくくり〟にされて学校教育の場から追放されてしまう。墨で塗り潰され、昭和21（１９４６）年の暫定教科書では抹消された。それ以降の音楽教科書でも『君が代』を除いてはかけらもない。

こうした儀式唱歌は、日本統治時代の台湾や朝鮮でも歌われたから『一月一日』の歌を今も覚えている現地の人は多い。

台湾、朝鮮の総督府が発行した儀式唱歌集が残っている。昭和11（１９３６）年の『式日唱歌』（台湾）は9曲を収録。『一月一日』などの儀式唱歌に加えて、日本統治が始まった日を記念した『始政記念日』や卒業式で歌われた『仰げば尊し』『蛍の光』もあった。台湾・友愛グループ代表の張文芳は昭和４（１９２９）年生まれ。日本と台湾の小学校で『一月一日』を歌った。「（日本統治時代の）元旦には制服制帽で学校へ行き、式典で『一月一日』を歌いました。今でもときどき歌いますよ」と振り返る。

一方、日本統治時代の朝鮮では、14年発行の『みくにのうた』には11曲が掲載されている。儀式唱歌と『仰げば尊し』『蛍の光』に加えて、『海ゆかば』（大伴家持《おおとものやかもち》作詞、信時潔作曲）▽『神社参拝唱歌』▽『愛国行進曲』の３曲が入っている。

『愛国行進曲』は12年、公募によってできた国民歌。作曲は、海軍軍楽隊長を務め、『軍艦行進曲（マーチ）』の作者としてしられる瀬戸口藤吉《とうきち》である。レコード各社がそれぞれ所属のトップ歌手を起用して競作し、累計で１００万枚超の大ヒットを記録した。キングレコード版で、長門美保と歌ったのは、朝鮮出身のテノール歌手、永田絃次郎である。キングの看板歌手だった永田は戦後、藤原歌劇団などで活躍したが、35年、北朝鮮への帰国事業に一家で参加。不遇のまま60年に75歳で死去した。

儀式唱歌を朝鮮人の児童がどう感じていたか。

昨今の日韓関係から名前を出せないのは残念だが、公平かつ的確と思われる、令和２

（2020）年で90歳となる男性の証言を紹介したい。

「南次郎朝鮮総督時代（1936～42年）から朝鮮人の皇民化が強化されたと思う。祝祭日には必ず教育勅語が朗読され、『君が代』とその祝祭日の歌を歌いました」

ただし、朝鮮人の受け止め方には、外国人宣教師の影響力が強く、キリスト教信者が多かった平壌（現・北朝鮮首都）を中心とする北部朝鮮と、京城（現・韓国ソウル）など南部朝鮮とでは温度差があった。

「キリスト教は一神教だから、天皇の神格化・神社参拝は容認できず、強力な反対・反抗があった。キリスト教徒が少ない南部では、皇民化に対する反抗・反対はずっと弱かったと思う」。ここも〝ひとくくり〟にはできない。


『一月一日』

1　年の始めの例《ためし》とて　終りなき世のめでたさを　松竹《まつたけ》たてて門《かど》ごとに　祝う今日こそたのしけれ

2　初日《はつひ》のひかりあきらけく（※さしいでて）　治《おさ》まる御代《みよ》の（※四方《よも》に輝く）今朝のそら　君《きみ》がみかげに比《たぐ》へつつ　仰《あお》ぎ見みるこそ尊《とう》とけれ

※後に改編された歌詞

台湾に残った「わが師の恩」

かつて卒業式の定番曲だった『仰げば尊し』を現代の子供たちが「歌えなくなっている」と冒頭で書いた。小学校の音楽教科書（6年生用）に掲載されているのに、授業ではあまり教わらない。卒業式で歌わないからである。時代とともに卒業式ソングが多様化したこともあるが、〝戦前の教育臭〟を感じて避ける先生もいると聞く。

『仰げば尊し』は明治17（1884）年、当時の文部省音楽取調掛（後に東京音楽学校を経て現・東京藝大）編纂の『小学唱歌集』第三編に収録された。メロディーは外国曲とされ、日本語歌詞の作者は諸説ある。『小学唱歌集』には『蝶々』『蛍（の光）』などが入っており、いずれもメロディーは外国曲の借用だった。

この『仰げば尊し』と、やはり卒業式の定番曲だった『蛍の光』が戦前、日本統治時代の台湾や朝鮮の総督府発行の儀式唱歌集（台湾は『式日唱歌』、朝鮮は『みくにのうた』）に掲載されていたことはすでに書いた。

さらに、台湾では、その慣習が少し形を変えながら戦後も続いてゆく。

『仰げば尊し』は中国語歌詞の『青青校樹』となり、『蛍の光』は『驪《り》歌』というタイトルの歌になって（※いずれもメロディーは同じ）卒業式でずっと歌われ続けたのだ。

1984年の台湾映画『冬冬《トントン》の夏休み』のオープニングで、この『青青校樹』が流れる。卒業生の答辞に教師らしき人が涙をぬぐう。児童の合唱が会場を覆ってゆく。この映画は、1947年生まれの侯孝賢《ホウシャオシエン》監督が自身の少年時代の思い出をモチーフにしたというから1950年代の光景が描かれたのだろう。

中国語歌詞の内容は『仰げば尊し』と異なるが、師の教えに感謝し、仰ぎ見るように尊敬する存在——という趣旨は台湾版（『青青校樹』）でも生かされている。台湾も最近では卒業式ソングが多様化し、『青青校樹』を歌うことが減ったというが、年配者には今も懐かしい歌であることには変わりがない。

こうした現象の源泉をたどれば、日本統治時代（1895〜1945年）に整備された近代教育制度、そして、日本人の教育者や官僚が台湾人児童のためにつくった独自の唱歌にたどり着くことになる（※第4章に詳述）。

台湾は、日清戦争（1894〜95年）に勝利して日本が領有権を得た。明治維新から30年たっていない近代日本の草創期である。初めて経験する異民族統治の成否は、近代国家としての試金石となった。

よく、反日の朝鮮半島に対して「親日の台湾」と評されるが、当初から、そうだったわけではない。台湾へ乗り込んだ日本は、統治に抵抗する勢力を武力で押さえ込まねばならなかった。南部を中心に、土匪《どひ》と呼ばれる武装ゲリラの抵抗はその後も続き、多くの日本人が犠牲になっている。

さらには、マラリアやペストなどが蔓延《まんえん》し、住民には、アヘン吸引の悪癖が広がっていた。その混沌《こんとん》たる状況は、日清戦争の講和条約である下関条約で清側全権の李鴻章が「（アヘン問題などで）苦労しますよ」と忠告したほど。

ようやく軌道に乗り始めたのは明治31（１８９８）年、第４代台湾総督に、児玉源太郎が就任し、民政局長（後に長官）に、後藤新平を起用してからだろう。彼らは現地（台湾）の事情を酌み取って、インフラを整備し、産業振興を図る方法を取ってゆく。

台湾に限らず、日本の異民族統治、外地経営は当時の国力以上にカネ・ワザ・ヒトをつぎ込み、精いっぱいがんばって近代化を成し遂げた。資源・労働力だけ搾り取り、住民にろくな教育を与えない愚民化政策とは違う。

歌に話を戻そう。台湾で近代教育制度を整備すべく、総督府の初代学務部長に就任したのは『仰げば尊し』収録の『小学唱歌集』に関わった伊沢修二である。

前にも書いたが、文部省音楽取調掛長を務め、台湾に赴任した伊沢は明治28（1895）年6月、台北北郊の芝山巌《しざんがん》に、台湾人を対象とした日本語学習の学堂を開設する。国語伝習所から、公学校（小学校）へと発展。やがて中学校や高等学校（いずれも旧制）、内地を含めて9つしかない帝国大学までつくられてゆく。これによって、台湾人にも高等教育の機会が開かれた。

繰り返すが、「唱歌」が学校の必修教科となったのも内地（日本）より台湾の方が早い。台湾各地に公学校がつくられた明治31年から必修科目となったのに対し、内地の唱歌必修化は明治40（1907）年である。

そして、内地とは事情が違う台湾の児童が楽しんで歌えるように、日本人の官僚や教育者は現地の自然や名所旧跡、民族の偉人などを盛り込んだオリジナルの唱歌をつくった。「あなたたちの土地や先人はこんなに素晴らしい」と歌うのだから、〝お人よし〟統治というほかない。

台湾独自の唱歌に『六士（氏）先生』がある。

前にも触れたが、明治29（1896）年元日、伊沢がつくった芝山巌学堂の日本人教師

6人が土匪によって惨殺されるショッキングな事件（芝山巌事件）が発生。唱歌『六士（氏）先生』は犠牲者の教師を悼んでつくられた。いくつかの元歌を経て大正4（1915）年、台湾総督府発行の『公学校唱歌集』第四学年用に収録される。

事件の現場に設けられた神社や慰霊碑は戦後、台湾へ乗り込んできた中国・国民党政権によって打ち壊され、汚《けが》されたが、台湾の人々は「わが師の恩」を忘れてはいなかった。芝山巌学堂の後身の小学校同窓生らによって、事件から100年を機にお墓が整備され、碑も再建される。日本人が礎《いしずえ》を築いた教育の精神は受け継がれたのだ。

もうひとつあった『早春賦』のナゾ

2月4日頃は立春。暦の上では春の到来だ。この季節の定番に『早春賦《そうしゅんふ》』がある。

〝アラ還〟記者が新米社員だった30年以上も前のこと。旧制高校・帝国大学を出た新聞社の大先輩が行きつけの東京・池袋の安酒場で酔いが回るころに必ずこの歌を歌う。恥ずかしながら記者は、その時までこの名曲を知らなかった。学校で習った記憶もない。

『早春賦』の初出は、歌の作詞者で、東京音楽学校教授の吉丸一昌が編んだ、大正2（1913）年発行の『新作唱歌』第三集である。作曲は同助教授の中田章だ。

戦後もこの歌は生き残る。昭和22（1947）年、文部省（当時）が〝戦前臭〟を一掃してつくった音楽教科書の小学6年生用（『六年生の音楽』）に『早春の歌』と改題して収録（※歌詞の3番はカット）。民間教科書会社による検定教科書の時代になっても、同じタイトル、同じ小学6年生用に掲載していた出版社もあった。

だが、音楽教科書を出版している教育出版のデータベースによれば、昭和30年代以降は中学教科書へ移る。学年の変更はあれ、基本的に『早春賦』は中学で習う歌になった。

現在の文部科学省が学習指導要領で定める歌唱共通教材でも昭和50年代に中学の共通教材に指定され、現在も7曲のうちの1つだ。平成18（2006）年には、文化庁などが定める「日本の歌百選」に選ばれている。

では記者が学校で習った覚えがないのは単に忘れているのか？　少しだけ言い訳をすれば、酒場で初めて聞いたときの印象は、学校で小・中学生が習う歌というよりも格調が高い「大人の歌」だった気がする。小学校→中学校への教科書移行も、8分の6拍子で音域が広いこの歌を小学生が歌うには難しいという判断があったからだろう。

『早春賦』を作詞した吉丸は、「文部省唱歌」生みの親のひとりである。明治42（1909）年、文部省が編む『尋常小学唱歌』の編纂委員作詞主任に任命され、44年以降、1〜6学年用が順次発行された同唱歌集制作に携わっている。作詞の委員は他に、高野辰之、乙骨《おつこつ》三郎ら。作曲の委員には、岡野貞一、小山作之助らがいた。

唱歌の創作は委員の合議により、著作権は文部省に帰属する、となっていたため、個人名は出さず文部省唱歌としていたが、戦後、一部については作者が推定され、教科書にも掲載されている。高野作詞、岡野作曲とされた『おぼろ月夜』『ふるさと』などがそうだ。

さらに吉丸は『尋常小学唱歌』とほぼ並行して、『早春賦』が収録された『新作唱歌』（全10集 ※1、2集の当初題名は『幼年唱歌』）の編纂に取り組む。〝教育臭〟がある学校唱歌の枠に収まらない、家庭でも歌える歌、幅広い年齢層に向けた歌をつくるのが狙いだった。『早春賦』が、そちらに収録されたのもうなずける。

吉丸の孫で映像プロデューサーの吉丸昌昭《まさあき》は言う。「（『新作唱歌』は）『尋常小学唱歌』と違って、作者名も明記されている。（一昌は）もっと自由な唱歌があってもいい、と考えていた。大正期の童謡運動の先駆けになったのではないか」

『早春賦』に、もうひとつの歌があることは、あまり知られていない。『牧場（まきば）の朝』

(小学4年生の歌唱共通教材)で知られる船橋栄吉《ふなばしえいきち》(1889~1932年)が作曲したバージョンだ。歌詞も〝中田章作曲版〟とは少し違う。

それは、吉丸が編纂・発行に携わった雑誌『音楽』(東京音楽学校学友会編・刊)大正2(1913)年発行の4巻1号に、楽譜付きで収録されている。船橋は当時、東京音楽学校研究科に在籍し、授業補助という立場の若手教員だった。

孫の昌昭が著した『早春賦をつくった吉丸一昌』(ほおずき書籍)に、船橋の長女から聞いた話も含めてその経緯が記されている。

〈音楽学校学友会主催の土曜演奏会で本科声楽部の学生に歌わせた(略)音域が広い船橋の曲は、女子学生のレベルでは歌うのが難しいと一昌は判断した。一昌は『新作唱歌』に掲載することを見送った。急遽、当時助教授の中田章に依頼した〉

昌昭は実際に、残された楽譜から〝船橋版〟を再現したことがある。「相当に難しい歌でした。これでは(小、中学生は)歌えないなと思いましたね」

『新作唱歌』に〝船橋版『早春賦』〟は掲載されなかったが、船橋が作曲した他の歌(『水の心』『木《こ》がくれの歌』など)がいくつか収録されている。音楽学校教授・吉丸とは密接な関係だったのだろう。中田も含めて全員が東京音楽学校の〝身内〟である。

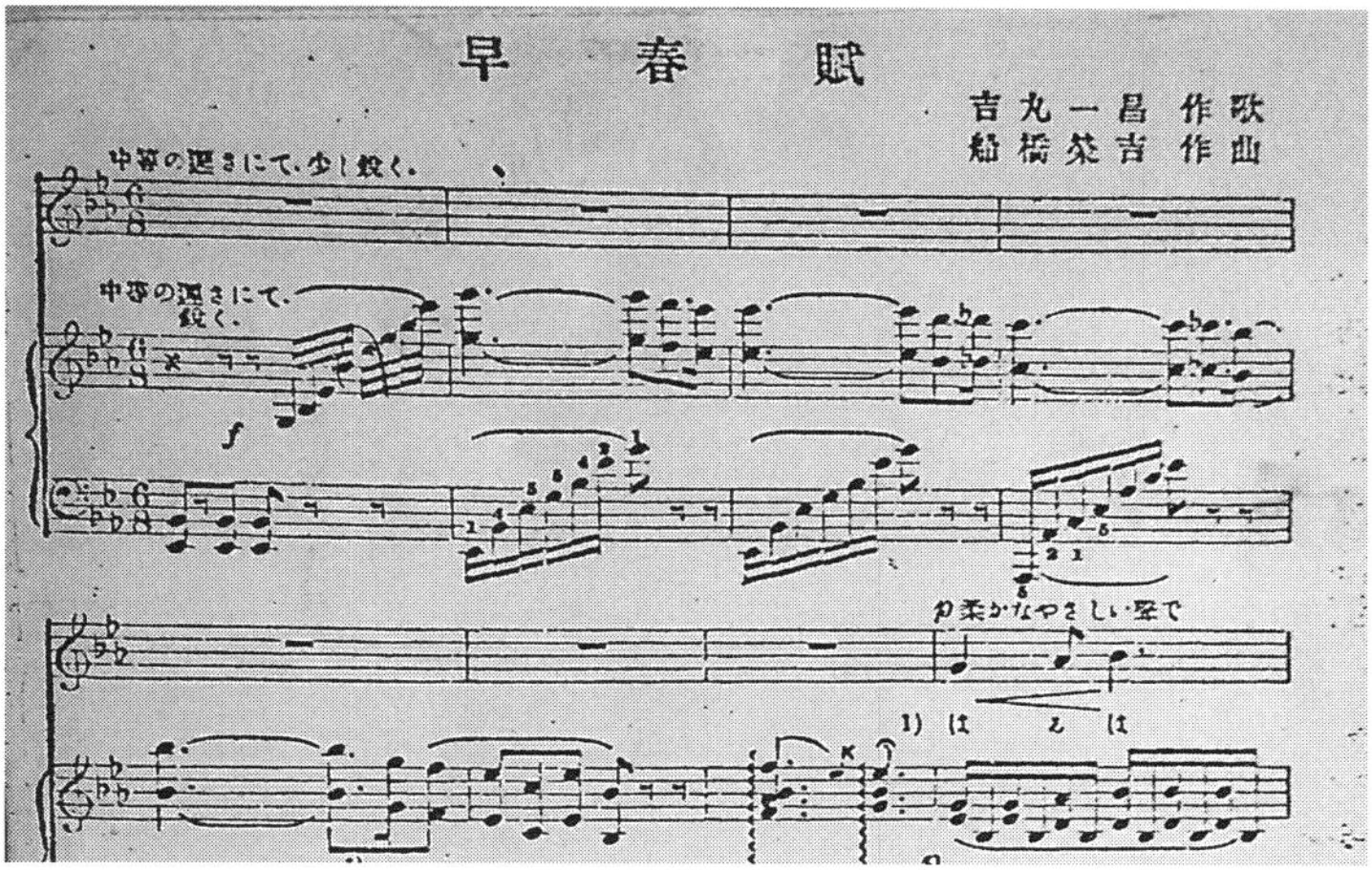

〝船橋版〟『早春賦』の楽譜（松山哲則提供）

平成28（2016）年、東京・世田谷にあった旧船橋邸の解体工事が行われたとき、ゆかりの写真や文書類がごっそり見つかった。親族からそれを譲り受けた建築士の松山哲則によれば、「東京音楽学校の修了証書や、ドイツ留学時の旅券から、（世界的ソプラノ歌手）三浦環《たまき》が書をつづった扇子、信時潔の手紙まであった」という。

大正2年、満鉄の招きで音楽学校同窓の小松耕輔や大和田愛羅らと鮮満旅行へ行ったときの記念写真もある。船橋は「満州唱歌」をいくつか残しているから、旅行から着想したのかもしれない。

そして、もうひとつの『早春賦』の楽譜が掲載された雑誌『音楽』の写しも見つかった。やはり世に出なかった歌への思いを残していたのだろうか。
『早春賦』をこよなく愛した大先輩は数年前に亡くなり、闇市のなごりを伝えた安酒場があった飲み屋街も今や面影はない。

『早春賦』

1　春は名のみの　風の寒さや
谷の　鶯《うぐいす》　歌は思えど
時にあらずと　声も立てず（繰り返し）

2　氷解け去り　葦《あし》は角《つの》ぐむ
さては時ぞと　思うあやにく
今日もきのうも　雪の空（繰り返し）

3　春と聞かねば　知らでありしを
聞けば急《せ》かるる　胸の思いを
いかにせよとの　この頃か（繰り返し）

吉丸一昌（よしまる・かずまさ）

明治6（1873）年、現在の大分県臼杵市出身。旧制五高（熊本）から東京帝大国文科卒。教員を経て明治41（1908）年、東京音楽学校（現・東京藝大）教授・生徒監に就任。文部省の『尋常小学唱歌』編纂委員作詞主任に任命され、文部省唱歌の創作に携わる。主な作詞作品に『早春賦』『故郷を離るる歌』などがある。大正5（1916）年、42歳で死去。

九死に一生を得たボート遭難の歌

真冬の湘南海岸は人影も少なく、閑散としていた。西前方に江の島を望む海は波高く、吹き付ける風が身を切るほどに寒い。凍える水の中へ、ほうり出された生徒たちは、どれほど冷たかっただろうか。

令和2（2020）年の現在から110年前の明治43（1910）年1月23日、神奈川県の逗《ず》子《し》開成《かいせい》中学（旧制）の生徒ら12人が冬の相模湾で遭難し全員が亡くなった。「七里ヶ浜ボート遭難事故」である。

現・逗子開成中学・高校が、事故から100年にあたる平成22（2010）年に発行した百年忌記念誌を見てみたい。

遭難したのは、当時10歳から21歳までの中学2年〜5年生と兄弟の小学生。その日は日曜日で、彼らは江の島へ鳥撃ちに出かけるためボートを出した。七里ヶ浜の沖合で突風に煽《あお》られて転覆し、全員が海に投げ出されたとみられている。

1人だけがオールにつかまり海を漂っているところを漁船に助けられたが、間もなく死亡。残る11人の遺体も数日間の捜索で海中から引き揚げられた。

横須賀測候所の記録によれば、この日午前10時の気温は6・2度、風速3・2メートル。ボートは、海軍から譲り受けた「ギグ」と呼ばれる細身の船だった。定員は7人で、そこへ12人が乗ったため安定を欠いたのではないか、とされているが、全員が死亡しており、事故の状況は、いまだ詳しく分かっていない。

犠牲者のうち、徳田家は小学生の弟（10歳）を含め4兄弟が亡くなった。遺体が引き揚げられたとき、年長の兄が幼い弟を抱くようにした姿で見つかり、涙を誘ったという。

事故から2週間後の明治43年2月6日、学校の校庭で犠牲者を悼む大法会が開かれた。参列者は学校関係者のほか、神奈川県知事、海軍幹部ら約500人。式場の外でも約4千人が参列したと伝えられている。

大法会には姉妹校である鎌倉女学校（現・鎌倉女学院中学・高校）の関係者も参列していた。その場で披露されたのが、ボート遭難の歌『真白き富士の根』（『七里ヶ浜の哀歌』とも）と後に呼ばれる歌である。

記念誌にその様子が書かれている。

〈鎌倉女学校の最上級生が揃《そろ》いの黒紋付き・袴《はかま》姿で、同校教諭・三角錫子《みすみすずこ》の弾くオルガンの音に合わせて、「真白き富士の根　緑の江の島」と歌い出した。涙ながらに歌う女生徒もおり、校庭には参列の人々の悲泣の声が漏れた〉

三角は作詞者で、東京女子高等師範学校（現・お茶の水女子大）出身の数学科教師。逗子開成中寄宿舎の近くに住んでおり、日頃から生徒たちを弟のようにかわいがっていたという。

三角は、事故から法会までの短期間で6番までの歌詞を書き上げた。哀愁を帯びたメロディーは、外国曲（インガルス作曲）から借用し、冬の冷たい海に散った生徒たちへの思いを紡ぎ上げたのである。

事故当時、同中学の生徒（明治42年入学）で、ボート（端艇《たんてい》）部員だった、河瀬壽美雄《すみお》（1896

〜1985年）が「少年期の思い出」と題して亡くなる前に書き残した手記（写し）が手元にある。河瀬の三女、吉村稔枝《としえ》から、産経新聞へ寄せられたものだ。

河瀬の父、早治《はやじ》は海軍士官で兵学校14期。手記によれば、父親の勧めで当時、海軍軍人子弟が多かった同中へ入り、上級生に誘われてボート部と柔道部に入部している。〈入部当初の夏季練習は、相当厳しく逗子から鎌倉まで往復とも無休で漕《こ》ぎ通したこともあった（略）（遭難事故があった）其《そ》の日は日曜日で、ボート部の正規の練習日ではなく、遊漕《ゆうそう》に出かけて江の島まで往復する予定の様《よう》であった。当然この日が日曜日でなければ自分も参加していたにちがいない〉

当時、河瀬の母親が体調を崩し、容体が悪化していた。当該日曜日は母の看病にかかっており、ボートに乗るどころではなかった（事故翌日に母親は死去）という。河瀬は〈母が身代（わり）に死んでくれた〉とつづっている。

手記には、事故で亡くなった「五年生の笹尾（虎治）君、徳田（勝治）君」らの名前が出てくる。河瀬は、母親の葬儀を済ませた明治43年1月26日に登校、捜索活動に加わっており、引き揚げられた犠牲者の遺体とも対面した。

〈全員泣いて合掌した事《こと》であった。この事を記すに及んで、今でも老いの眼《め》に涙するので

ある〉

三女の稔枝は「つらい思い出だったのか、生前の父は遭難事故について自ら語ることはほとんどありませんでした。（事情を知らない）私たちがあの歌を歌うと『やめなさい』と叱られたこともあります。でも亡くなる直前に、やはり書き残しておくべきと考えたのだと思います」と話す。

事故の状況を分析する記述もあった。〈検分の結果（略）帆走（セーリング）していた事がわかった〉とした上で〈風が強く突風が吹きやすい場所なので（略）舵棒と帆綱は細心の操作を必要とする処《ところ》なのに、それを怠った為《ため》、突風に煽られて転覆したものと判断された〉

逗子開成中・高に今も残されている明治の学籍簿には、確かに河瀬の名があり、父親のことも記されていた。同校では「ボート部員だったたか、は確認しようがないが、当時の状況が詳しく書かれており、（犠牲者の）名前なども一致する。貴重な記録だと思う」（片山健介教諭・校史編纂《へんさん》委員長）としている。

同校にはオールをかたどった「ボート遭難碑」があり、玄関には『真白き富士の根』の歌詞が飾られている。追悼の集会は事故から110年たった今も毎年開かれている。令和

2年1月23日にも全校生徒を前に校長が話をし、全員で黙禱《もくとう》をささげ、『真白き富士の根』の歌が流された。

集会終了後には、校長と生徒会代表が校内と遭難現場の海を望む、稲村ケ崎公園にある慰霊碑を訪ね、花束を手向《たむ》けている。同校にとっては、1世紀を超えてなお忘れてはならない遭難事故なのだろう。

歌を作詞した三角は鎌倉女学校を退職後、常磐松女学校（現・トキワ松学園）を創設し、初代校長となった。女性問題の専門家としても著述を残している。

『真白き富士の根（嶺《ね》）』は戦前、戦後とレコード化、映画化され、今に伝えられる。

『真白き富士の根』

1　真白き富士の根　緑の江の島　仰ぎ見るも　今は涙
　帰らぬ十二の　雄々しきみたまに　捧げまつる　胸と心

2　ボートは沈みぬ　千尋（ちひろ）の海原　風も浪も　小さき腕に
　力もつきはて　呼ぶ名は父母　恨みは深し　七里が浜辺

3　み雪は咽（むせ）びぬ　風さえ騒ぎて　月も星も　影をひそめ

みたまよ何処（いずこ）に　迷いておわすか　帰れ早く　母の胸に

4　みそらにかがやく　朝日のみ光　暗（やみ）にしずむ　親の心
黄金も宝も　何しに集めん　神よ早く　我も召せよ

5　雲間に昇りし　昨日の月影　今は見えぬ　人の姿
悲しさ余りて　寝られぬ枕に　響く波の　おとも高し

6　帰らぬ浪路に　友よぶ千鳥に　我もこいし　失せし人よ
尽きせぬ恨みに　泣くねは共々　今日もあすも　斯（か）くてとわに

古関裕而は戦時中も名曲を連発

♪1本のエンピツに心あり　人の世の正義と自由を守るべく～で始まる産経新聞社の「社歌」は、今も毎年必ず、新年の社員大会で流される。昭和31（1956）年の制定。社内で募り、1席となった大阪本社文化部次長（当時）、瀬川保の歌詞に、曲をつけたのは古関裕而であった。

こうした社歌や学校の校歌、映画・演劇の音楽、テレビ・ラジオ番組の主題歌、ご当地ソング、流行歌、戦時歌謡……と古関の守備範囲は相当広い。中でも、真っ先に思い浮かぶのは、高らかに奏でられる応援歌、行進曲であろう。

早稲田大応援歌『紺碧《こんぺき》の空』や『阪神（※当初の題名は大阪）タイガースの歌（六甲おろし）』、『巨人軍の歌（闘魂こめて）』、夏の甲子園の『栄冠は君に輝く』など、今に歌い継がれるメロディー。まさにキラ星のごとくだ。

そして、昭和39（1964）年10月10日、最初の東京五輪開会式の選手入場行進の際に流されたのが、『オリンピック・マーチ』である。赤のブレザーに白の帽子、ズボン・スカートの制服に身を包んで、しんがりに入場してくる日本選手団のバックに古関の曲が響く。どれほど多くの国民がこのシーンに高揚感をかき立てられただろうか。

特大の写真が1面を飾る当日の産経新聞夕刊を繙《ひもと》く。開会式の様子を伝える記事は〈鐘が鳴る。鳴りわたる〉と始まり、〈マーチの高まりにつれ、競技場はケンランたる色彩に〉とつづる。筆者は、後に1面コラム「産経抄」を担当する名コラムニストの石井英夫であった。

古関は、日本オリンピック委員会（JOC）制定の『少年オリンピックの歌』も作曲し

古関裕而と妻の金子＝昭和30年ごろ（福島市古関裕而記念館提供）

ている。歌詞は、文部省（当時）やメディアの後援を受け、全国の子供たちから公募された。当選したのは、東京都内の小学6年生の女子児童の作品。五輪開催年（昭和39＝1964年）の3月には、歌手の藤山一郎と東京放送（現・NHK東京）児童合唱団によって、当選作の発表会が賑々《にぎにぎ》しく行われている。

令和2（2020）年3月末に始まったNHK連続テレビ小説「エール」の主人公は、古関と妻の金子《きんこ》がモデルだ。

新型コロナウイルス感染拡大の影響で、予定より1年遅れの令和3年に延期となった2度目の東京五輪。聖火リレーは令和2年3月26日、東日本大震災で甚大な被害を受けた福島県からスタートを切る予定だった。同県は古関の生まれ故郷だ。福島市最初の名誉市民にも選ばれている。朝ドラも、五輪と東日本大震災の復興に合わせたのだろう。地元関係者は、数年前から誘致運動を続けてきたという。

その朝ドラで私が注目しているポイントがある。昨今のコロナ禍で今後の放送予定は流動的（※6月29日から一時休止）だが、明治に生まれ、平成に亡くなった古関の生涯のうちで「戦前・戦中」の活躍がどう描かれるのか、だ。

戦前・戦中に、古関が作曲した戦時歌謡などは名曲ぞろいだ。古関がブレークする契機となったのも、戦時歌謡である。

日中戦争が始まった昭和12（1937）年の『露営《ろえい》の歌』は、現在の毎日新聞の懸賞募集で2席になった詞に古関が曲をつけ、1席（『進軍の歌』）のB面としてレコード化されたものだった。

自伝によれば、古関は金子と満州を旅行中に着想を得てレコード会社からの依頼を詳しく聞く前に自ら作曲を行っている。〈「それならもう車中で作曲しました」と譜面を取り出したら、ディレクターはびっくり〉（古関裕而著『鐘よ鳴り響け　古関裕而自伝』集英社）

『暁《あかつき》に祈る』は昭和15年、陸軍馬政局肝煎りの同名映画の主題歌として作曲した。古関は〈私の数多い作曲の中で、最も大衆に愛され、自分としても会心の作といえる〉（同書）と振り返っている。

昭和18年の『若鷲《わかわし》の歌』は海軍航空隊の予科練習生を取り上げた映画の歌だ。作詞は西条八十《やそ》。原節子らが出演した映画は大ヒットし〝七つボタン〟の予科練は一躍有名になった。

これらの歌は最初の東京五輪の少し前に生まれた私でも知っている。昭和ひとケタ世代の父親がよく風呂などで歌っていたからだ。古関の歌がどれだけ当時の少年らを熱狂させたか、よく分かる。

古関は、戦時歌謡のほか、満洲国建国（昭和7＝1932年）前後に起きた大陸ブームに乗った一連の満州ものの歌も作曲した。軍の依頼で、南方への慰問団などにも加わっている。

ただ、戦時下において、軍絡み以外の仕事は、どんどん少なくなっていただろうし、逆の見方を

古関裕而の主な作曲作品

昭和	
6年	『紺碧の空』
11年	『大阪タイガースの歌（六甲おろし）』 （36年『阪神タイガースの歌』に改題）
12年	『露営の歌』
15年	『暁に祈る』
18年	『若鷲の歌』
22年	『とんがり帽子』
24年	『栄冠は君に輝く』
24年	『長崎の鐘』
24年	『NHKスポーツ中継テーマ曲 「スポーツショー行進曲」』
36年	『モスラの歌』
38年	『巨人軍の歌（闘魂こめて）』
39年	『オリンピック・マーチ』
46年	『純白の大地（札幌オリンピック賛歌）』

すれば、「有能な人材」だったからこそ使われたのだ。

歌は「時代」を映す鏡である。戦時下という選択肢が限られた世の中にあって、古関に限らず多くの芸術家たちは、その時の「大衆の感情」をすくい取ろうとし、見事に喝采を浴びたのではなかったか。

その時代の空気感を、果敢に描いてほしい。軍や戦争に触りたくないという理由でスルーしたり、「軍に強制されて仕方なくやった」というステレオタイプな描き方は、ご免蒙《こうむ》りたいのだ。

戦前・戦中の唱歌も終戦後、GHQの意向で戦争などに関わりがあるとされた歌は排除され、75年たった今も見直しをされる気配はない。テレビの懐メロ番組でも今や軍歌や戦時歌謡が放送されなくなった。

日本人には摩擦を恐れて忖度し、自主規制してしまう悪いクセがある。それで〝オクラ入り〟にされた名曲がかわいそうだ。

古関裕而＝本名・勇治＝（こせき・ゆうじ）

明治42（1909）年、福島市の裕福な呉服店の長男として生まれる。家業を継ぐべく福島商業（旧制）に進むが、独学で音楽を学び、上京。山田耕筰に認められ、コロムビアレコード専属作曲家になる。作曲作品は約5千曲。平成元（1989）年、80歳で死去。

誰が「消された歌」の封印を解くのか

昭和12（1937）年、東京音楽学校教授を務めた信時潔は日本放送協会の嘱託を受け、大伴家持の長歌からとった詞に曲をつける。壮大なスケールと日本人の魂を揺さぶる詞とメロディーを持った歌は同年10月、政府が進める「国民精神総動員強調週間」のテーマ曲として使われた。

『海ゆかば』である。

「国民精神総動員」とは、同年7月の日中戦争勃発を受け、同中央連盟（政府の外郭団体、同年10月設置）が事業主体となり「挙国一致」などをスローガンに掲げた国民運動だ。

戦争を勝ち抜くために、銃後（兵士以外の国民）も一丸となって、物心両面から協力しよう、それを、自治体や学校や地域、講演会や出版物、新聞や放送（ラジオ）、レコードなどあらゆる場を使って周知徹底を図ろう、という戦意高揚のための運動である。

2年後の昭和14（1939）年、日本統治時代の朝鮮で、総督府が発行した儀式唱歌集『みくにのうた』にも、『海ゆかば』が掲載された。

儀式唱歌は、天長節（天皇誕生日）や明治節（明治帝の誕生日）などに学校で行う式典の際に歌う。『みくにのうた』には他に卒業式に歌う『仰げば尊し』『蛍の光』や『愛国行進曲』などが入っている。

当時、朝鮮の小学校・中学校（旧制）に通っていた令和2（2020）年で90歳となる男性は「『海ゆかば』はとりわけ、軍関係の記念日（陸軍記念日など）の儀式の最後に『君が代』とともに厳かに歌った記憶がある」という。

戦局が悪化した昭和18（1943）年秋、文系学生の徴兵猶予がなくなり、文部省（当時）主催の出陣学徒壮行会が開かれた。東京・明治神宮外苑競技場の会場では、首相の東条英機が戦地へ向かう首都圏77校の学生に向かって檄を飛ばす。当時のニュース映像を見ると、学生代表の決意表明（答辞）があり、最後に『海ゆかば』の大合唱が流れる。

実況を担当した、後のNHK花形アナウンサー、志村正順《せいじゅん》（平成19年、94歳で死去）にこんな話を聞いたことがあった。「急遽、先輩のピンチヒッターで実況をやることになって、ろくな資料もないまま2時間以上懸命にしゃべり続けた」

国と家族を守るために死地へ赴くことを覚悟した出陣学徒の凜とした顔つきを見れば、志村ならずとも懸命にならざるを得ないだろう。スタンドから見守る女子学生の沈痛な表情が印象的だ。そこに流れる『海ゆかば』の哀切なメロディー。出陣学徒の何人が生還できたか、と思うと胸が詰まって仕方がない。

『海ゆかば』は大政翼賛会によって国民の歌と位置づけられ、第二国歌、あるいは、鎮魂歌（レクイエム）と目されてゆく。

こう書いてくると『海ゆかば』が戦争や軍国主義を象徴する歌だったと思われるだろうが、そういう受け止め方ばかりでもない。

大正14（1925）年生まれの芥川賞作家、阪田寛夫《ひろお》は中学（旧制）入学のころに『海ゆかば』を初めて聴いたときの感想をクリスチャンらしく、こう書いている。

〈私には讃美歌のようにひびいた。大伴家持の歌だのに、旋律も和声も堂に入って西洋風で、そのことが嬉《うれ》しかった。（略）「日本にもこんな歌が出来るようになったのか」と心強く思ったことを覚えている〉（阪田寛夫著『海道東征』）

『海ゆかば』を流布させることになったきっかけは、この項の冒頭で書いた「国民精神総動員強調週間」のすぐ後の昭和12年11月、日本放送協会のラジオ番組「国民歌謡」で放送されたことだろう。歌ったのはテノール歌手の松山芳野里《よしのり》だった。

「国民歌謡」はその前年（昭和11年）の4月「家庭で歌える健全な歌をつくろう」のコンセプトで大阪の中央放送局（JOBK）からスタート（当時の番組名は「新歌謡曲」）。1週間（月～土）続けて同じ曲を放送する方式で、まもなく東京（JOAK）も制作に加わり、テノールの永田絃次郎が歌った『朝』や東海林《しょうじ》太郎の『椰子《やし》の実』などのヒットを生む。

阪田も「国民歌謡」を聴いていたらしい。『椰子の実』について先に続ける形で、〈西洋の民謡かと思いこんでいて、ある日自分の叔父の作品（作曲家の大中寅二《おおなかとらじ》、作詞は島崎藤村《とうそん》）と分かったときの喜び、驚き、誇らしさと（『海ゆかば』は）似ていた〉（『海道東征』）と書いた。

「国民歌謡」は戦争の長期化に伴って戦時歌謡などの放送が増えてゆく。世相を反映してヒットした曲も多い。昭和14年放送の『出征兵士を送る歌』（♪わが大君《おおきみ》に召されたる）は、出版社の大日本雄弁会講談社（現・講談社）が同年、歌詞と曲を募集、系列のキングレコードから発売して大ヒット。先述した古関裕而作曲の『暁に祈る』も昭和15（1940）年に放送されている。

軍や官の思惑はともかくとして、『海ゆかば』が当時の日本人の心をつかみ、大衆に愛されたことは間違いがない。歌自身に「力」がなければそうはならなかったろう。

ところが終戦後、『海ゆかば』は一転、タブー視される状態が続いた。

「国民歌謡」で流れた戦時歌謡なども同様だ。戦後の昭和21（1946）年、装いも新たにスタートしたNHK「ラジオ歌謡」で再放送された「国民歌謡」の歌は『椰子の実』『朝』など、わずかしかない。「基準」は戦前の唱歌・童謡と同じく、「戦争色がなく、かつ良い歌」だったとみられる。

戦後75年、GHQの意向で〝オクラ入り〟にされた戦時歌謡や唱歌をひとくくりにしていつまでアンタッチャブルにしておくのか。「消された歌」の封印を解くのは、誰でもなく日本人自身の判断なのだ。

「国民歌謡」で放送された主な歌

昭和	
11年	『朝』『椰子の実』
12年	『海ゆかば』『愛国行進曲』
14年	『愛馬進軍歌』『出征兵士を送る歌』
	『紀元二千六百年』
15年	『暁に祈る』『燃ゆる大空』『隣組』
16年	『めんこい仔馬』

『海ゆかば』

海行かば　水漬《みず》くかばね
山行かば　草むすかばね

大君《おおきみ》の辺《へ》にこそ死なめ
かえりみはせじ

信時潔（のぶとき・きよし）

明治20（1887）年、大阪生まれ。東京音楽学校（現・東京藝大）に入り、チェロを専攻。研究科作曲部へ進み、大正4年同校助教授。文部省在外研究員としてドイツ留学。大正12年教授に就任。昭和12年『海ゆかば』作曲、15年『海道東征』作曲。40年、77歳で死去。

結びにかえて

間もなく還暦を迎える筆者が、現在の小学校音楽教科書を手にして、気づいたことがいくつかある。

半世紀も前に習った懐かしい唱歌・童謡が今も変わらず残っていること。一方で、教科書から消えた歌もたくさんある。この「差」はどこにあるのか？　その疑問が取材を始める契機となった。

音楽教科書に掲載される唱歌・童謡は、文部科学省が学習指導要領で学年ごとに定める「歌唱共通教材」（授業で扱う歌）が中心となっている。各教科書会社はそれに加えて、いくつかの歌をプラスし、独自色を出すのだが、〝プラス部分〟においても、実は同じ歌が選ばれているケースが少なくない。

つまり、〝その枠〟にはまらない歌は、教科書には掲載されず、年月の経過とともに忘れ去られる。もったいないことだ。

もうひとつ、驚いたのは小・中学校の音楽の授業がどんどん減らされていることである。小学校で英語を教えたり、総合学習の時間などが新たにできて、受験科目ではない（普通科高校）音楽は、そのしわ寄せを食ってしまう。

「世代問題」があることも分かった。教科書に載っている唱歌・童謡を若い教師が知らず、教えることができないというのだ。

唱歌・童謡は日本の大事な伝統文化である。次代に「残す」努力や工夫があって然るべきではないか。幼い日に心に刻まれ、胸を熱くした歌をこれから１００年先にも残したい。そんな思いでこの本を書いた。

新聞連載にあたっては、産経新聞東京本社の井口文彦執行役員・編集局長、酒井孝太郎文化部長に、書籍化では、産経新聞出版の瀬尾友子編集長、市川雄二氏に支えられた。

この場を借りて感謝の意を表したい。

令和２年５月

産経新聞社　喜多由浩

喜多由浩（きた・よしひろ）

昭和35（1960）年、大阪府出身。立命館大学卒。59年産経新聞社に入り、社会部次長、月刊『正論』編集部次長などを経て、現在文化部編集委員。主な著書に『韓国でも日本人は立派だった　証言と史料が示す朝鮮統治の偉業』（産経新聞出版）、『北朝鮮に消えた歌声　永田絃次郎の生涯』（新潮社）、『朝鮮大学校研究』（共著、産経NF文庫）など。

消された唱歌の謎を解く

2020年6月27日　第1刷発行

著　　者　喜多由浩
発 行 者　皆川豪志
発 行 所　株式会社産経新聞出版
〒100-8077 東京都千代田区大手町1-7-2 産経新聞社8階
電話　03-3242-9930　FAX　03-3243-0573
発　　売　日本工業新聞社　電話　03-3243-0571（書籍営業）
印刷・製本　株式会社シナノ
電話　03-5911-3355

ISBN 978-4-8191-1386-1
C0095
